品川の保育を考える会・佐貫浩 編著

保育園でいま何が起こっているのか

品川版〈保育改革〉・待機児対策の現実

花伝社

目次

はじめに 3

第一部 品川の「保育改革」の実態と問題点──品川の保育でいま何が起こっているのか 9

第1章 様変わりの年長児保育──「あこがれ」から「大変」に── 10

第2章 保育の内容の改変と矛盾──保幼小一貫ジョイント期カリキュラムの問題点── 16

第3章 品川区の待機児童対策と保育条件の後退 31

第4章 [座談会] いま品川の保育現場で起きていること──急速な変化と矛盾、多忙化のなかで── 42

第二部 品川の保育の歴史と到達点 53

第5章 豊かな保育運動の歴史を力にして──品川の保育と区の「保育改革」の歩みと課題 54

第6章 [座談会] 品川の保育づくりの歴史を振り返る 63

第三部 品川の学童保育 71

第7章 品川の学童保育の現状と課題 72

第四部 「子ども・子育て支援新制度」批判と品川の保育 83

第8章 蓄積されてきた「保育」の価値を切り捨てる幼保一体化──品川の保育改革の問題点 84

はじめに

この数年、保育園に入りたくても入れない待機児の増加が大きな問題としてマスコミにも取り上げられています。厚生労働省によると、２０１３年４月で、待機児数は２万２７４１人、東京都は全国最多の８１１７人となっています。これには認可外保育園に通いながら認可保育所*への入所を待つ児童の数は含まれません。東京では、「認可保育所に希望しても入れない」という、行政への異議申し立てが、杉並の母親たちから各地域に広がっています。品川区でも、２０１３年の４月時点で、認可保育所に希望して入れなかった子どもが６８５人います（『東京新聞』２０１３年４月26日付）。

*認可保育所――児童福祉法に基づき、国の設置基準を満たしている保育園。巻末資料参照。

保育園入所希望が増えたのは、東京の場合は子どもの数の増加もありますが、お母さんたちの就労が増えていることが大きな原因だと考えられます。厚生労働省の統計によると、全国的に見ると、３歳未満児の保育所利用率は05年の18・６％から12年には25・３％へと急増しています。

その大きな要因は、格差・貧困の急速な拡大です。非正規雇用が20代から30代の若者の２分の１をしめ、子育て世代の生活は低所得で不安定です。子育てをしようと思えば、母親も働かなければやっていけないのが現状です。品川区でも、就学援助費（義務教育の子どものいる家庭への教育扶助――子どもを持つ家庭の経済的困難の割合を示す一つの目安）の受給率は、２０１２年度で27・０％（中学校では35・２％）に達しています。生活保護受給率は、２００１年度の10・５‰（パーミル、１０００分の１）から、２０１１年の15・８‰になっています（出所・品川区統計）。そして今問題になっているのは、その格差が、子どもの発達の妨げや学力格差を生み、貧困を再生産しているという事実です。

横浜市が、3年前に全国ワースト1位だった待機児童が2013年4月1日現在でゼロになったと発表しました。保育所経営への企業参入や市独自の認可外保育施設の整備などを進めて、受け入れ先を確保したということです。しかしそれは、横浜市の同年4月1日時点での認可保育所入所申込者のうち入所できなかった1746人から、①市独自の基準で認定した認可外施設、「横浜保育室」などへの入所児童数、②保護者が保育所入所を断念して育児休暇を取得した家庭の児童数、③特定の保育所だけを希望している申込者（自宅の近くや、兄弟を一緒に預けたいために特定の保育所を指定するなどのケース）の数、④保護者が求職中の児童数をすべて引いて、「待機児童ゼロ」となったというものなのです。

安倍首相は、保育所定員40万人増というプランを2013年4月に示しましたが、このような横浜方式を拡大することで待機児を減らすということのようです。また東京でも、2001年に国の保育所認可基準を引き下げた都独自の認証保育所を創設し、2012年度は都内652ヵ所（定員約2万2千人）に広がりました。その背景には、自治体が保育園を増設することを抑制して、一般の株式会社が保育園事業に参入するようにしようという保育園の民営化の動向があります。

品川区の認可保育所は、公立が42園、民営が29園、計71園あります（2013年12月現在）。認証保育所は20ヵ所になっています。民間のすべてが利益主義経営というわけではなく、福祉法人として営利目的でなく、子どもの育ちを大切にして運営してきた園ももちろんあります。しかし、株式会社運営の多くの保育園は、ビルの一室、駅ホームのすぐそば、園庭がないなど、子どもたちが安心して過ごせるとはいえない環境にあります。利益を出さないと成り立たないのが企業です。そういう企業の保育事業への参入を促進するために、職員の非正規雇用の割合を増やすなど、規制緩和が進められつつあります。

企業（株式会社）が保育園の運営に参入するには、保育園経営で利益が得られるということが不可欠です。そのために、企業が経営する保育所は、人件費（保育士の給与）を引き下げようとします。そういうところでは、経験を積んだベテラン保育士は人件費が高くつくという理由で敬遠され、経験の浅い保育士、非正規雇用の保育士が増えています。認証保育所にはそういう株式会社経営の保育園が多くなっています。

認証保育所は、認可保育所と違って、個々の保育園と個別の親が直接の交渉・契約をします。今までのように区に申し込めば、区がきちんと保育園を割り当ててくれるという保障がなく、親は、空いている保育園を自分で探して、契約をしなければならないのです。保育はサービス商品とされ、個人がいわゆる「保活」（保育園探しの活動）を強いられます。見つからなくてもそれは親の「保活」が十分でなかったからだと放置されてしまうことが起こりかねません。親にとってこれは大変な不安と負担になります。行政のいう「ニーズにあわせて選べる保育」の実際です。

子どもの預け先が見つからない親はどうするのでしょうか。２０１３年4月26日付『東京新聞』には、「職場に連れて行く」「育児休業を延長する」「仕事をやめる」「内定した仕事を辞退する」「引き続き求職活動をする」とあります。「保育園に預けたいけれど入れない」「自営では、思うように預かってもらえない」「どうすればよいのかわからない」という親たちの悲痛な声が聞こえてきます。

子どもたちの幼児期からの発達の権利がしっかりと保障され、あわせて女性の働く権利がしっかりと守られる社会が求められています。そのためには子どもの発達にふさわしい保育基準を国が責任を持って設定し、それが実現されるための国家と自治体による財政保障を行わなければなりません。

いま品川の保育は、大きな変動と危機に直面しています。そこには、次のような背景があります。

第一に、民主党政権下で計画され、安倍政権によって推進されようとしている「子ども・子育て支援新制度」の先取り試行の場として、品川の「保育制度改革」が進行していることです。そのため、権利としての保育（子どもの権利、親の就労の権利）の保障がゆらぎ、保育の市場化、民営化、商品化、そして保育士の非正規雇用拡大などの波が品川にも押し寄せ、保育の全体的な水準が引き下げられるという状況があります。その下で、親は、負担の多い「保活」を強いられ、うまくいかなくても親の責任として放置されるような状況が生まれています。

第二に、待機児童解消の保育政策を、それにふさわしい条件整備、保育士増員などを欠いたままで、設置基準を無視した詰め込みや、不自然な空き施設利用などで進めていることです。加えて系統的保育プログラムを分断する保育内容と時間配置、保育と幼稚園教育の木で竹を接ぐような接続なども顕著です。保育園職員の仕事の急激な多忙化、非正規化（派遣、非常勤、業務委託など）により、短時間で保育担当者が入れ替わるつぎはぎ保育へと変化し、大きな矛盾と困難が生まれています。

第三に、品川区独自の「保育改革」が、保・幼・小一貫教育理念の下に推進されていることです。保育を小学校準備教育に位置付け、従来の、子どもの生活を豊かに創造する保育から、しつけや知識の習得訓練へと変化させようとしています。今の幼児が抱えている育ちそびれにも対応する、友だちと交わる力、豊かな感性や共感力を高めるような保育が軽視されています。

第四に、特に品川区の保育行政で顕著なことですが、上からの命令で保育改革を進めようとしていることです。「保育の商品化」という社会動向もあいまって、今まで蓄積されてきた地域・親と保育士による「共育て」（トモソダテ）としての豊かな保育づくりの伝統や蓄積が断ち切られようとしています。

これらの実態を明らかにし、いま品川の保育がどうなっているのか、どうして保育の現場がこれほどにも多忙化し、保育が細切れにされ、保育士の創意や工夫が生かされないものになってきているのか、その原因を明らかにしたいと思いました。

いま、日本社会は、急速に格差・貧困化が進んでいます。子どもの７人に１人が貧困家庭に育つ状況で、特にひとり親家庭の貧困率は、５―６割に及んでいます。そういう中で、虐待、ネグレクト（育児放棄）等も増え、また孤立した子育てが多くの不安を生み出してきています。幼児期の育ちの環境の貧困が、その子どもの成長や学力の格差、学歴格差を生み出し、貧困と、不安定な就労や生涯をもたらすという悪循環が生まれています。それを個別家庭の「自己責任」に任せて放置しておくならば、日本社会の格差がさらに拡大され、皆が安心して子育てができる地域社会そのものが壊れてしまうでしょう。今こそ、すべての幼児に、豊かな保育を保障することを、国家ぐるみ、地域ぐるみで取り組んでいく必要があります。

そのためには、何よりもまず、行政が認可保育園を増設し、待機児問題を克服することが必要です。そして、保育園を拠点として、地域に子育て支援のきめ細かいネットワークを作り出すことが不可欠です。いま、豊かな公的保育を地域に作り出すことが、日本社会の形を豊かで誰もが安心して生きていけるものへと回復していく上で、大きな課題となっています。

品川区は、財政が豊かな自治体です。また品川区は、全国に先駆けて高度な水準の公的保育制度を作りあげ、全国のモデルともなってきた歴史を持っています。そしてそのすばらしい公的保育を長年担ってこられたベテランの保育士や、情熱を持った若い保育士が、この間の急激な変化に抗しつつ、その伝統と蓄積を活かし、保育の質を高めようという強い思いで、保育の現場で奮闘されています。

品川区の保育行政も、今までの保育政策では高まる切実な保育要求に応えきれないのではないかと、模索している面も感じられます。安心で豊かな子育ての条件があることは、その地域で生きる上で、最も重要な要件です。保護者と保育職員、保育行政が連携して、品川の豊かな保育を取り返す新たなつながりと協同を作り出していく時期が到来しています。品川区こそ、日本の保育の新しい姿を切り拓いていくもっとも有利な条件を備えた自治体なのです。私たちはその可能性を現実のものにしていかなくては、と考えます。

本書で多くの方々に子どもたちのおかれている状況、保育の実態を知っていただき、子どもたちにとって望ましい育ちの環境・保育を実現したいという私たちの思いをお伝えできればと願っています。

（内田ユリコ・元品川区立保育園父母の会連絡会役員）

第一部　品川の「保育改革」の実態と問題点

――品川の保育でいま何が起こっているのか――

第1章　様変わりの年長児保育――「あこがれ」から「大変」に――

　この数年で品川区の保育が大きく変わりました。特に年長児の保育内容は、まるで別物のようになってしまいました。十分な研究や従来の保育とのすり合わせもないまま、次々に新しいものが導入され、現場は混乱し、保育者はいつも何かに追われているようなゆとりのない日々を強いられています。

　本来年長の担任というのは、大変ですが充実感や達成感のある、保育者のあこがれるポジションでした。それがこの数年は「年長の担任」というだけで「大変だね」というのが合言葉のようになっています。その原因は、保幼小連携、就学前教育、〝専門〟指導、アートフェスタ、公開保育、保育要録の記録……と挙げればきりがない忙しさと重圧にあります。専門指導については、現場の矛盾が大きく、２０１３年度からはなくなりましたが、この間の様子を振り返ってこれらの問題点を考えてみたいと思います。

幼稚園にならえ――午睡・裸足保育の廃止、就学前教育プログラムの導入

　品川区は、品川版幼保一体化を国に先立って実行しました。「幼稚園は昼寝しないから」「幼稚園は上履きをはいているから」という理由で、年長児の保育は小学校の準備期間に位置付けられ、「小学校に上がる時にはきちんと座って話を聞けるようになっている」ことが重要視され、そのためにこれまで長い年月をかけて培ってきた保育の実践や理論、０歳から６歳までの発達援助や異年齢の関わりを重視してきた保育園の在り方を否定し、有無を言わさず幼稚園型の教育を導入しました。しかも年長児だけにとどまらず４歳児、３

歳児にまで広げる動きもあり、保育園の部分的幼稚園化が広がっています。

保・幼・小の地域連携

幼稚園と保育園の垣根をなくすと同時に、小学校と幼稚園・保育園とのつながりを滑らかにするということで、新たな取り組みが導入されました。保育園、幼稚園に在園している時から小学校との交流を重ね、小学校に上がる時の〝階段を低くする〟という取り組みです。「小一プロブレム」と呼ばれるものが理由のようですが、形だけの年四、五回の交流で、十分な理論的裏付けやしっかりとした準備がないまま、結論ありきで導入されました。保育者と学校の先生との意思の疎通ができていないため保育者はお客さん状態ですし、教師は予定したプログラムをこなすことに精一杯で、園児の世話をする小学生には大きな負担がかかり、学校現場はきっと保育園以上に重荷になっているのではないかと思います。すべてが性急すぎて見切り発車という感じです。

保育の流れを寸断する専門指導の導入

２００７年度から全園で造形指導に加え、音楽・体育のどちらか1科目を選択する、2科目の専門指導が導入されました。筆者は専門指導が導入されてから3回年長の担任をしていますが、造形と音楽の指導を経験しました。

造形指導は外部団体から講師が派遣され、月に2回45分間（初年度は90分）の授業を行うもので、年間プログラムは外部団体が作成し、共通の指導案が提示されます。一人の講師が曜日や時間帯を分けて3～4園を担当していました。担任は指導案をもとに、準備や授業の補助を行ないます。授業内容自体はよく研究されており、発想も柔軟で保育士にとっても良い刺激になるものが多かったと思います。

導入初年度、筆者の園にはとても優しくて専門技能も理論も兼ね備えた素晴らしい講師が派遣され、指導案も今までにない発想に満ちた魅力あふれるものばかりで大変勉強になりました。しかし造形指導プログラムと保育園の年間保育計画との間で調整がされていないため、通常の保育とは全く別枠で、切り離して取り組まなければなりませんでした。従来、保育園では季節や節目ごとに大小様々な行事が配置され、行事を軸として一年間の生活を組み立ててきました。そこへ月2回とはいえ、日常とは別枠の「絵画・工作の時間」が入ってくるのです。月に2回は何らかの造形活動が入るのに加えて、保育の流れとして別途制作活動がどうしても必要になります。年長児にとっては年がら年中、何かを作っているような感覚になります。後で述べる「アートフェスタ」がさらに追い打ちをかけてきて、年長児と担任は大変な負担を負うことになりました。

音楽指導は外部団体から派遣された講師と他に数名の個人契約の講師で対応していました。私が最初に出会った講師の先生は個人契約の方ですが、とても素晴らしい方でした。保育や子どもの心を大切にしてくださり、私の意見を細かく聞いて指導に反映しながら、独創的で優しい指導方法を新しく創っていくように一年を過ごしてくださいました。音楽が苦手だった私にとっては本当に勉強になり、楽しい経験でした。

途中で私自身が異動したため、3年間の専門指導で造形と音楽それぞれお二人ずつの講師と関わりましたが、音楽については統一されたカリキュラムなどはなく、講師によって内容も進め方も違っていました。

子ども・保育者に負担をしいるアートフェスタ

「アートフェスタ」が始まったきっかけは、専門指導の導入にあったと記憶しています。第1回は会場が荏原文化センターで、作品展と合唱発表を中心としたイベントです。一日がかりの入れ替え制で全6ブロックの年長児たちが大ホールの舞台に上がり、課題曲とブロック課題曲を歌いました。1ブロックに6～7園の保育園、1~2園の幼稚園なので、多いところは総勢２００人の年長児が一度に舞台に上がっていました。合唱の指導には音楽の専門講師は関わらないので、音楽指導の成果とアートフェスタはあまり関係がありませんでした。

一方作品展は造形指導の成果かというと、たしかに造形指導の中で制作したステンドグラス風壁飾りで壁面を飾っていましたし、造形指導の講師たちが手作り楽器のワークショップを開いていました（たしか駅弁の箱のような容器と輪ゴムを使った楽器だったと記憶しています）。ところがメインである作品展用の作品作りには、造形の専門講師は一切関わっていませんので、担任が計画して、保育の中で指導して作っていきます。立体作品1点、平面作品1点、ブロックでの共同作品が1点と、内容も濃いものでした。

日頃の保育の中で取り組む制作活動とは違い、大きな会場に全区立保育園、区立幼稚園の年長児の作品が一堂に展示され、たくさんの保護者や一般の方々に見てもらう作品展ですから、それなりの作品を作らなければなりません。保育者のプレッシャーはどれほどのものだったか、おわかりいただけるでしょうか。

前述のようにアートフェスタの作品作りと、ブロックでの合唱の取り組みに加えて、定例の専門指導、通常の保育の中での行事等が一度に課題として年長児たちに降りかかってきました。第1回アートフェスタは11月上旬でした。この時期保育園は運動会が終わって間もない頃です。つまり、年長児たちは運動会の取り組みと並行して合唱の練習をしたり、作品展に出す作品の制作を行っていたわけです。年長児にとって運動会がどんなものか、保育を知っている人なら、これがどれほど子どもたちに負担を強いるものであるかは容易に想像できるのではないでしょうか。

保育園に導入した専門指導が区立幼稚園には導入されなかったことも原因の一つだと推測できますが、専門指導の成果を披露する場としてのアートフェスタという発想はいつの間にかどこかへ行ってしまいました。結果的には「素晴らしい合唱発表と作品展」という世間の評価をいただいた一大イベントの取り組みは、専門指導導入で負担が増した上にさらに新たな負担を乗せた形になっていました。開催日程や細かい運営の方法は試行錯誤されているようですが、根本的な位置づけは変わらないまま現在でも続いています。

何のための公開保育？

保育園ではこの数年、公開保育が頻繁に行われるようになりました。保育技術の向上、研修の名のもとに、新人はもとより中堅、ベテランと様々な世代の保育者が公開保育を命じられました。日々忙しい保育者にとって公開保育の準備をしなければならないのは大きな負担です。自らの保育を振り返り、先輩や同僚、研究者からアドバイスを受け、保育をいっそう充実させる、という意味での公開保育ならば私も否定しませんが、はたしてそうなっているでしょうか。

ある公開保育では、幼稚園の園長を歴任し、幼児教育のスペシャリストと謳われる先生が指導にあたりました。保育者は30年近いキャリアを持つベテラン保育士です。保育園の保育は、子どもと保育者の信頼関係の上に成り立つところが大きく、一見無駄と思える回り道をしたり、定石を外れたように見える対応も、その子とその保育者の間では成立する大切なプロセスだったりします。それは長年の経験に裏打ちされた、言葉では説明できない領域でもあります。しかしそんなことは理解の外にある指導者は、公開保育の中で保育を止め、口だけでなく手も出し、まるで新人を手取り足取り指導するような干渉をしてしまいました。その後のカンファレンスでその指導者がどんな講評をしたかは、言うに及びません。保育者は自分の保育者としての30年を全面的に否定され自信を失う結果になりました。私自身が経験した公開保育もこれに近いものがいくつかありました。いったい何のための公開保育だったのでしょう。

新人保育士は3年目まで毎年数回の公開保育が義務付けられています。同じ立場の新人同士で互いの保育を観察し合い、分析し合い、先輩保育士や講師の評価を受け、今後の仕事に生かすという位置づけです。O

ＪＴ（オン・ザ・ジョブ・トレーニング）という意味ではとても効果的に思われるかも知れませんが、現場経験の少ない新人保育士にとって、同期の仲間、先輩保育士、他園の園長、専門講師らの前で保育をするというのはプレッシャー以外の何物でもありません。入念に考えて作った指導計画、忙しい日々の仕事の合間を縫って準備をし、極限の緊張の中で保育をすることが、はたして本当に糧になっているのか、私は大きな疑問を感じました。

先に紹介したベテラン保育士の行った公開保育も同様ですが、大きな負担と緊張を与えたうえで、非日常の状態で保育をさせ、その内容を評価することが、本当にその人の成長に結びつくのでしょうか。それら公開保育のために費やす時間と、職場を離れる者の負担、抜けた穴を埋める職場の負担、受け入れる職場の負担等々に見合うほどの成果が得られているのでしょうか。

新人は所属する園で、先輩保育士が保育を見てアドバイスする、中堅やベテランは逆に若い保育者に保育を見せて、質問に答えるというようなやり方で、誰も負担を感じることなく、期待した効果が十分に得られると、私は思います。

これだけいろいろなことが一気に無理やり導入されたのですから、現場はたまったものではありません。「年長担任は大変」という暗黙の合言葉が、「年長担任はあこがれ」に戻る日が一日も早く来ることを願ってやみません。

（半沢優子・元品川区立保育園保育士）

第2章　保育の内容の改変と矛盾

――保幼小一貫ジョイント期カリキュラムの問題点――

品川区が保幼小中一貫教育という理念の下に「改革」をはじめて、5年になります。その具体化として2010年10月に、小学校と保育園・幼稚園の年長児の保育が「滑らかに接続」をするためとして、年長クラスの10月から1年生の1学期を対象にした品川区独自のカリキュラムとして「保幼小一貫ジョイント期カリキュラム」(『しっかり学ぶ　しながわっこ』)を作成しました。

そのジョイント期カリキュラムの保育園での実践は、今までの幼稚園教育と保育園の保育とをモザイク状につないだり、保育の質を単なる細切れの「預かり」保育に格下げしたりする面が強く、特に長時間保育園で過ごしている保育園の子どもたちから見れば、その生活実態から遠く離れたものとなってきています。そのため、保育士の間からも、これでいいのか、子どもたちに無理はないのかと疑問が深まってきています。

1　〈幼保一体化〉と〈保育園・幼稚園から小学校への滑らかな接続〉の問題点

「幼保一元化」は保育関係者にとっても長年の願いです。子どもたちは保育園であれ幼稚園であれ同じように幼児教育をうける事が望ましいと思うからです。「幼保一元化」とは、保育園の保育と幼稚園教育を統合して、一元的な幼児の教育制度を実現するものです。それは全ての幼児に一定水準の幼児教育を権利として保障する上で――公費による無償の幼児教育の実現がその目標となる――、不可欠な制度改革です。しかしこれまで担当省の違い（保育園は厚労省、幼稚園は文科省）などがあり、ていねいに検討すべき課題――施設などの最低基準、保育士と幼稚園教員の処遇、カリキュラムのあり方など――がたくさんありました。

しかし国は、２００９年以降の様々な規制緩和政策の中で、保育園について、幼稚園が給食室を持たないことにあわせて給食室の必須条件をなくしたり、幼稚園での預かり保育ができるようにするために基準を低下させるなど、低きにあわせる方向を進めてきました。そして、このような規制緩和政策を背景としながら、保育園と幼稚園を二元的制度にしたままで、幼稚園教育と保育園の保育とを接ぎ木する「幼保一体化」が進められつつあります。そして品川区もまた、この「幼保一体化」を性急に導入してきています。しかしそこには以下に指摘するような大きな不都合と矛盾が生まれています。

幼保一体化の施設の特徴と「滑らかな接続」のための年長クラス

「幼保一体化」のために、品川区は、多様な形で、保育と幼稚園教育とをつなげる試みを進めています。その改変の基本は、次の二点です。

第一は、幼稚園と保育園を同一施設や同一敷地に置き、保育や教育も同一にするという幼保一体の環境と条件づくりをしました。第二は、一般の保育園でも、小学校入学準備に重点を置いて、年長児の保育園の9時から午後2時までのカリキュラムを、幼稚園教育を基本とした「保幼小一体型カリキュラム」（ジョイントカリキュラム）へと傾斜させようとしていることです。

具体的には、次のような五つのタイプの保育園になっています。

まちまちの五つのタイプ

〈Aタイプ＝認定こども園〉*（3園）――4、5歳クラスに幼稚園児枠をつくり5名を受け入れています。認定こども園は幼保一体化のひとつであり、保育内容は幼稚園スタイルをとり入れ　お昼寝はしない、ハンカチ・ティッシュを携帯する、上靴を履く等の導入を行いました。今このタイプが、幼保一体化園の中心モデルとなっています。

＊　２００６年に国の制度となった認定こども園とは、幼稚園と保育園の両方の機能をあわせ持った施設で、その認定基準は、「国の指針」を参考に都道府県が条例で定めています。幼稚園教育要領と保育所保育指針の目標が達成されるよう、教育・保育を提供するとされ、幼稚園教諭と保育士の両方が年齢と内容に応じて担当します。保育の受け入れ定員を拡大することで、待機児対策としての意味を強く持って制度化されたものです。認定こども園には「幼稚園型」「保育園型」「地方裁量型」と３タイプありますが、品川は２００７年から「保育園型」で公立保育園３園で実施しています。

〈Bタイプ＝幼保一体施設年齢区分型〉（2園）――保育園と幼稚園が一施設の中にあり、保育園は0歳から3歳までとなっており、4、5歳は幼稚園となっています。

〈Cタイプ＝幼保一体施設並列型〉（3園）――並列型は公立幼稚園と公立保育園の両方の施設が小中一貫校を中核とする一体施設の中にあり、幼稚園は4・5歳、保育園は0歳から5歳までとなっています。

〈Dタイプ＝小学校空き教室利用型〉（2園）――小学校空き教室型は年長児クラスを空き教室に移行し、主な生活を空き教室で過ごすというものです。給食は小学校と同じ、おやつは保育園に食べに帰る、と学校と保育園を行ったり来たりしています。この型の場合、待機児解消のため、園児が増加しているので、年長児が保育園に戻っても、生活する場所のゆとりがほとんどない状況です。

〈Eタイプ＝一般保育園〉（32園）――従来通りの保育園ですが、後で紹介する「ジョイント期カリキュラム」実践のために、近隣の小学校に週1、2回は通うことになっています。（園により、取り組み方にちがいがあります。）

保育の実情を無視した制度いじり

図表2―1にそって、各タイプの状況を紹介していきます。

Bタイプの園では、4、5歳児の保育希望者は、7時30分から9時まで、そして午後2時以降は預かり保育となるため、子どもに関わる教師や保育士が入れ替わり、子どもは多くの担当職員と保育場所の間を移動しなければなりません。

Cタイプでは、保育園が年長クラスまであります。この年長児は9時から午後2時までは幼稚園の年長児クラスに通います。この合同時間は保育士と幼稚園担任が交代でクラスを運営します。保育園児の給食は保育園から運ばれます。同じ教室で園児はお弁当だったり、給食だったりします。幼稚園児がお昼帰りの日は、保育園児は保育園に帰って給食を食べます。驚くことに、子どもたちは一年間一緒のクラスで過ごしているのに、最後の卒園式については、幼稚園児は修了式を幼稚園で、保育園児は卒園式を保育園で、それぞれ別々に行います。法的に管轄の違う保育園と幼稚園では、修了式と卒園式は別々に行わなければならないということでしょう。

Dタイプでは、幼保一体とは別で、5歳児は小学校への滑らかな接続の実践として、小学校の空き教室を利用するというものです。前記のように給食は小学校のものですが、小学校と保育園は給食内容が全く違います。年長児の後半の就学を控えての実施というならまだ分りますが、年長児クラスに移行したばかりの春から小学生と同じ給食内容では、刻みも献立も大きく違い、大変な無理があります。おやつは保育園に戻って食べ、保護者の迎えが来るまで保育園で生活しますが、年長児の活動の姿は4歳児以下の在園児には見えません。

保育園は0歳から年長児まで一緒に生活することで、年長児の活動する姿が小さい子たちに生き生きと見えていました。小さな子たちのあこがれだった年長児、自分たちもあのようになる、なりたいと目標になっ

図表２－１　4、5歳児を中心にした幼児の一日のスケジュールと移動表

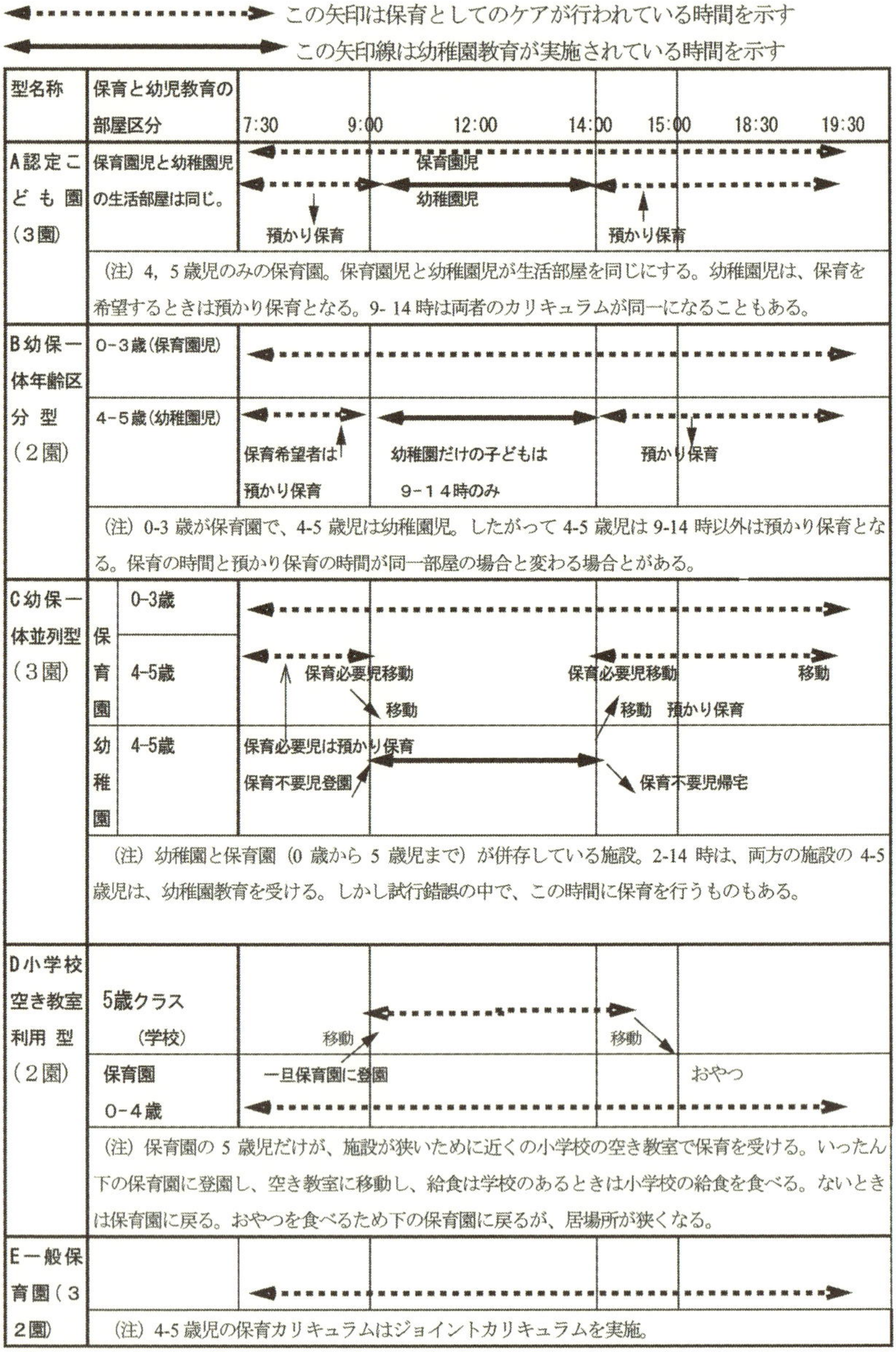
この矢印は保育としてのケアが行われている時間を示す
この矢印線は幼稚園教育が実施されている時間を示す
型名称
保育と幼児教育の部屋区分
7:30
9:00
12:00
14:00
15:00
18:30
19:30
A認定こども園（3園）
保育園児と幼稚園児の生活部屋は同じ。
保育園児
幼稚園児
預かり保育
預かり保育
（注）4，5歳児のみの保育園。保育園児と幼稚園児が生活部屋を同じにする。幼稚園児は、保育を希望するときは預かり保育となる。9- 14時は両者のカリキュラムが同一になることもある。
B幼保一体年齢区分型（2園）
0−3歳（保育園児）
4−5歳（幼稚園児）
保育希望者は預かり保育
幼稚園だけの子どもは9−14時のみ
預かり保育
（注）0-3歳が保育園で、4-5歳児は幼稚園児。したがって4-5歳児は9-14時以外は預かり保育となる。保育の時間と預かり保育の時間が同一部屋の場合と変わる場合とがある。
C幼保一体並列型（3園）
保育園
0-3歳
4-5歳
保育必要児移動
移動
保育必要児移動
移動
移動　預かり保育
幼稚園
4-5歳
保育必要児は預かり保育
保育不要児登園
保育不要児帰宅
（注）幼稚園と保育園（0歳から5歳児まで）が併存している施設。2-14時は、両方の施設の4-5歳児は、幼稚園教育を受ける。しかし試行錯誤の中で、この時間に保育を行うものもある。
D小学校空き教室利用型（2園）
5歳クラス（学校）
移動
移動
保育園 0−4歳
一旦保育園に登園
おやつ
（注）保育園の5歳児だけが、施設が狭いために近くの小学校の空き教室で保育を受ける。いったん下の保育園に登園し、空き教室に移動し、給食は学校のあるときは小学校の給食を食べる。ないときは保育園に戻る。おやつを食べるため下の保育園に戻るが、居場所が狭くなる。
E一般保育園（32園）
（注）4-5歳児の保育カリキュラムはジョイントカリキュラムを実施。

(注)保育園の場合０歳児から預かる園と１歳児から預かる園があるが、ここでは０歳児からの保育園のケースを構造化した。

た年長児、その年長児と一緒にいることで、それをまねて遊んでみて、意欲いっぱいに挑戦し、楽しむという環境がなくなってきているのです。その自然な異年齢交流の良さが〝滑らかな接続〟という理由で消えているのです。

図表2―1でわかるように、施設としての幼保一体の内容は認定こども園と一般保育園を除いては、子どもたちは一日の中で保育室が何度か変わるということが分ります。同時に場所が変わるだけでなく、保育を担当する大人も正規職員だったり、非常勤職員だったり、派遣職員であったりと様々に替わります。幼稚園での預かり保育は非常勤職員が主となっており、系統的な発達援助や生活作りが困難となります。

2 〈幼保一体化〉の進め方は保育園の子どもたちの生活実態にあっているか

生活の場としての保育園

品川区は都心に近く、また品川駅、大崎駅、五反田駅周辺の大規模開発が行なわれ、企業をはじめ大型マンションも林立し、子育て世代の転入も増えています。その結果、保育園入所希望者の多くは長時間保育にあたる児童です。公立の夜間保育園もこの地域に集中しています。

ほとんどの子どもたちは夕方6時すぎまで保育園で過ごします。その子どもたちは保育時間が10時間近くになります。乳児が夜8時に寝て朝6時30分に起きるとしたら、13時間30分起きている中で10時間が保育園、家族と過ごす時間は3時間30分。幼児になって夜9時30分に寝る子は、15時間中、家で過ごす時間は5時間です。圧倒的時間を保育園で過ごしているのです。まさに保育園は生活の場そのものなのです。その時間をゆったりと安心して過ごし、自分を守ってくれる親しい大人が寄り添ってくれているという感覚が持てることが不可欠です。

保育所保育指針解説書は、「保育所の役割　(1)保育所の目的」の項では①「こどもの最善の利益」を掲げ、②「保育所に入所する子どもにとって最もふさわしい生活の場でなければならない」とし、「乳幼児期にふさわしい生活を送ることが難しくなってきていることなどを踏まえ保育所の生活をこどもの福祉を積極的に増進する観点からとらえ直すことが必要になっています」と指摘しています。続けて「子どもが様々な人と出会い、関わり、心を通わせながら成長していくために、乳幼児期にふさわしい生活の場を豊かにつくりあげていくことが重要であり、そうした役割や機能が今日、保育所にはますます求められている」と述べています。この指摘は、単に乳児に対してだけではなく、長時間に及ぶ保育園生活を送っている5歳児にまで適用されるべき原則と考えなければなりません。

昼寝がなくなると

たとえば品川区は、「年長児の午睡をなくすこと」を、幼保一体化の第一原則のように強調していますが、長時間の保育を受ける幼児の昼寝を無くすことは、子どもたちの成長に大きく影響するのではないかと心配になります。就学前の1月でも、忙しい年長児のなかには夕方になると保育室の隅っこで眠ってしまう子どもがいます。それだけ疲れているのです。子どもたちの実態から、年長児も運動会が終わるまでお昼寝は必要としている園もあります。集団の中で長時間過ごすことは大人でも疲れます。年長児は4月からお昼寝をしないという生活ですが、年長への移行準備として4歳児からお昼寝をなくしていく方向で検討または実施をしている保育園が増えているということにも驚きます。

また幼保一体化が、保育園に「幼稚園スタイル」を持ち込むこととして進められている面があります。たとえば、ハンカチ・ティッシュペーパーの携帯があります。今ポケットのない洋服も増えてどこにハンカチをしまうのかと思ったらロッカーに置いておくとか、何度もトイレに行くので一、二回拭くだけでびしょびしょになってしまう等、意味があるのだろうかと首をかしげます。ティッシュはヒーローものの絵がついていたりして、ただその絵の見せっこになったりしています。大切なことはトイレの後は手を洗って拭くことであり、そのことが身についていたならば、学校に行ったら必然的にハンカチやティッシュを携帯するようになるのではないでしょうか。

3 「保幼小ジョイント期カリキュラム」は生活とあそびをどう変えたか

「保幼小ジョイント期カリキュラム」とは

保幼小ジョイント期カリキュラムに基づく保育実践内容は、大きな問題を含んでいます。

「のびのび育つしながわっこ」は品川区の保育・教育課程です。これは国の保育所保育指針と幼稚園教育要領の理念を結びつけた品川区独自の乳幼児教育課程とされています。内容は0歳児から年長児までのものです。これに加え、区は小一プロブレム解消を掲げ、「保育園・幼稚園から小学校への滑らかな接続のために」を目的とした「保幼小ジョイント期カリキュラム〜しっかり学ぶしながわっこ〜」を作成しました。これを読んだ保育士たちは、まるで保育園児に「しっかりしな！」と命令している様なカリキュラムと感じ、「しっかりしなカリキュラム」と皮肉を込めて呼んでいるというものです。

「小学校生活ではどのようなときでも話をじっくり『聞く』、状況を理解して『待つ』、様々な場面で椅子に『座る』ことが多くなり、こうした態度や姿勢・構えを身につけることは学校生活の基本となる」とし、「小学校生活で求められることを具体的に表記した」ものです。このジョイント期カリキュラムは、①生活する力、②かかわる力、③学ぶ力の三つの柱と小学校との交流活動から構成されています。ジョイント期カリキュラムでは、実際に小学校で求められる課題を就学前にある程度身につけておくという理念となっているため、保育現場ではジョイント期カリキュラムが優先されることになっていきます。

具体的には、〈Ⅰ　生活する力〉の中では、次の様なことが課題化されています。

✽始業式などの儀式的な行事や様々な会において話をきちんと聞かせたい場面では、良い姿勢で座る（背筋を伸ばす、足を床につける）ことを意識する経験をする。また立ち姿勢で並んで話を聞く機会を取り入れる。

✽保育園においては、静と動の活動内容を工夫しながら小学校の生活リズムへの移行に配慮し、徐々に午睡なしの生活リズムを確立する。

✽各自でハンカチとティッシュペーパーを持ち、いつも身につけるようにする。

✽靴の脱ぎ履きはできるだけ立ったまま履き替えられるように毎日の生活の中で習慣付ける。

また〈Ⅱ　かかわる力〉では次のような内容が含まれています。

✽「あいさつの仕方」――「立ち止まって相手を見てはっきり」や返事の仕方、ルールを守ることの大切さをくり返し伝えていく。

✽話を聞く態度は話をしている人の方へ身体を向け最後まで黙って聞くことができるようにする。

これでは、息が詰まりそうです。

「のびのび育つしながわっこ」は２０１１年（平成23年）に改訂版が作成され、「しっかり学ぶしながわっこ」のジョイント期カリキュラムも網羅し、ジョイント期カリキュラムでは「交流活動」としていた小学校との交流は保幼小交流事業と改め、新事業として6園でスクールステイ事業を始めました。このスクールステイの内容は毎月二、三回の保育園児と小学生の交流活動があり、体育館や図書館の施設利用にとどまらず保育園の生活発表を体育館で行うことや1年生担任の「読み聞かせ」に1年生と一緒に参加したり（毎月）、1年生担任の5歳児クラスへの保育や、小学校用の机・椅子に45分着席し活動する経験を毎週するなど、ますます忙しくなる内容がもりこまれました。

このスクールステイは２０１３年度より20園に拡大されました。ほかにも保育園に外部講師を招いて「造形」「音楽」「運動遊び」（うち二つを選択）に取り組む「専門」の活動もありました（第1章参照。２０１3年度から「専門」は廃止し今までの経験を生かした研究活動を行うことに変更）。

細切れスケジュールで活動が取り組みにくい、あこがれの年長児が見えない

ジョイント期カリキュラムは、その内容が示す通り、小学校で求められる課題が、年長児クラスに前倒しで降ろされているものです。毎日、前を向いて座る、45分すわる、週に一、二回小学校に通う、専門（「音楽」「造形」「運動遊び」）に取り組む、発表会や展示会の準備をするなど、重点活動が決められているものが多いため、年長独自の長期間かけた活動や、一日の中でじっくり時間をかけて取り組む活動が本当に困難になってきています。「毎日を必死で何とかこなしている」という保育士の声もよく聞きます。

保育士の熱心な準備もあり、子どもたちはどの活動も楽しんで取り組んでいることが多いと思いますが、受け身の活動が圧倒的に増えています。保育園の場合、0歳児から年長児クラスまでの子どもたちの多くが一日8時間以上、長い子は10時間以上も保育園で生活し、圧倒的な時間を異年齢児と一緒に生活をしています。兄弟で保育園にいると不思議とそのクラスの他の子どもたちもまるで兄弟のように親しみをもってクラス同士が親しくなり、行事などでは声援も一回り大きくなります。そのことは、保育園が生活の場であり、

生活や遊びを通してさまざまな事を学ぶという点に大きな特徴があるということを示しています。

ジョイント期カリキュラムが導入される前の保育園の年長児たちは保育園の一番の年長者として、自信と誇りを持ち、小さい子たちの面倒をみながらのびのびと活動をしていました。運動会での迫力あるかけっこや運動あそびの姿、カッコ良かったお店屋さんでのやりとり、ステキだった生活発表会、布団敷き当番やプール掃除、当番活動も小さい子どもたちには頼もしいお兄さんお姉さんとして、年長児はあこがれの目標になっていました。そのことは逆に、年長児の側から見ると、憧れをもって見られる、頼られる、感謝される、喜ばれる、ほめられることであり、どれも自信につながり充実感を持ち、次への意欲となっていたのではないでしょうか。そしてそういう体験をいっぱい蓄えて、大きな期待と不安の入り混じった気持ちもかかえて小学校という新しい世界へ飛びこんでいったと思います。保育園のゆたかな経験の中で培った力は、不安をも含んだ新しい壁を乗り越え、明日への期待と自信を切り拓いていく力になっていったのではないでしょうか。

残念なことに、忙しくなった年長児のさまざまな活動が、異年齢の幼児からは見えない孤立したものに変わってきています。幼保一体を進めることが幼稚園スタイルを持ち込むことだとされている中で、そういう性格が強まっているのです。

自主的・自発的なあそびがなくなった

保育園は異年齢児の集団ですが、課業（設定保育）以外の多くの時間は生活とあそびです。特にあそびは子どもたちが自由に楽しむために、室内のコーナーであったり、園庭であったりそのあそびの環境や配慮も保育士がしてきました。その中で年下の子どもたちと一緒に遊ぶ時間も多くありました。年下の子どもたちはそのあそびの中で、遊び方やルールも自然に身につけていきます。もちろん保育士の役割を抜きには語れませんが。鬼ごっこや伝承あそび「はないちもんめ」なども年長児と一緒に遊ぶことでルールも覚えていきました。保育において子どもは、「課業」と「あそび*」を両輪として生活を作り上げ、成長していきます。

* 「課業」とは、音楽、リズム運動、体育、描画・造形、よみきかせ・お話、数・言葉・科学等の認識にかかわる活動、発達段階や子どもの興味関心に即した課題や教材を保育者が選択し、基本的にクラス全体を対象とする保育形態を指しています。この課業のことを「設定保育」とも呼びます。「あそび」は『保育小辞典』（大月書店、２００６年）によると「行為すること自体が目的であり何よりも楽しさ、おもしろさを追求する活動であるといわれている。すなわち、遊びながら楽しむことが目的であり、必ずしも目的がなくてもよい。目的があったとしてもそれが達成されなくてもあそびは成立する」と書かれています。あそびは自発的であることが、その本質的な性格としてとらえられる必要があります。

年長児だけの散歩では、公園で死にそうになるくらい走って逃げたり追いかけたりして、「今日はいっぱい遊んだ!!」「おもしろかった！」「またやりたい」「遊ぶなかまがいて保育園がたのしい」「なかまはたいせつだ」などの感情がわきます。この同年齢のあそびがあるからこそ年下の子どもたちにも優しく接してあげられるのです。年長児は、自分たちがまだ年下だった頃に見た年長児の姿をしっかりと再現できるのです。遊び方も自分たちで工夫し、夢中になって新しいルールをつくったりして、あそび本来のおもしろさを追求し楽しむことができていました。そしてこの中で個が生かされ、個が生かされることで集団が高まり、逆に集団が個を光らせるという、幼児の集団づくりも大切にされてきました。ところが今では保育内容が決められている「課業」が多くなり、忙しく、自由な時間もなかなかないなかで、自由になった時にどう遊んだらよいかわからなかったり、こぢんまりと遊ぶ年長児がふえてきたように思われます。

4　年長児クラス担任は何を重点に保育にあたっているか

ジョイント期カリキュラムの内容は45分間きちんと座って活動したり、学校に通ったり等々ですが、担任はその実践のために準備をし、また保育の向上のためとして行う公開保育、また専門を生かした品川区の幼稚園と保育園の全園的取り組み「アートフェスタ」（絵画、造形の作品や合唱や発表会）があります。アートフェスタでは地域ブロックの打ち合わせ会議が何度もあり、そのつど出かけなければなりません。アートフェスタに向けて作品を作り上げるには2、3ヵ月かかります。合唱は他の園と合同の練習もしなくてはなりません。担任は迷ったり考えたりする暇はないのです。（２０１３年から、アートフェスタの絵画と造形はブロックごとに取り組み方が異なるようになり、全体は合唱発表のみに変更。）

ジョイント期カリキュラムの実践は、カリキュラムの作成・反省、専門（「音楽」「造形」「運動遊び」）の指導案・報告書・公開保育の準備等々、書類作成に追われる日々です。提出すればよいだけではなく、何度もチェックが入ります。また年長の場合は書類が他クラスより多いこともあり、午後3時以降の保育からは抜けて事務作業をしている園が圧倒的です。

年長担任の実務時間を保障しているわけですが、子どもの側からみると、担任の先生と遊べない結果となります。保育園は生活の場であるわけですから、子どもと担任の信頼関係は大変強いものがあります。一人ひとりの子どもが一日をどう過ごしたかを把握することも担任の大きな仕事ですが、事務作業の忙しさやジョイント期カリキュラムの実施に追われているため、3時以降の保育を担任以外の保育士——非常勤職員を含んで——が見ることになります。

しかし、じつはこのような時間に、子どもたちは心にしまってあった本当の思いを表わすことがあります。友だちとすぐトラブルになったり、遊べなかったり、友だちの中に入れなかったり、保育者に手をかけてもらいたかったりなどたくさんありますが、そういう場合には、その姿の背景を考えて対応し、保護者とともに解決の道を探さなくてはなりません。ところが、その大切な時間帯に担任がいないのです。したがってこの生活場面での保育・養護の質がどうしても低下せざるを得ないのです。

新しいカリキュラムが上から降ろされてきてその実施が強く求められるなかで、今まで大切にしてきた活動や方法が、それを変える話し合いや合意もなしに、いとも簡単に変えられてしまう状況が生まれています。「保育を語りあえない」「決められたカリキュラムを降ろしてでしか保育計画はつくれない」「保育を語ろうとするとものすごいエネルギーが必要になる」など、じっくり子どものことを話し合う会議がなくなってきているのが保育現場の実態です。

5　子どもの発達を保障することがなにより大切

くりかえしのべたように、保育園における保育は養護と教育をあわせたものです。年長児になると主に教育活動となっていきますが、長時間にわたる保育時間に対する配慮が求められます。とくにジョイント期カリキュラムの実践で子どもはミニ小学生のような活動をしています。環境に適応しやすい子はそれなりに保育園生活を送っていると思いますが、体力のない子や配慮の必要な子も多くいます。「疲れた身体をちょっと休ませてあげたい」「おもいきり遊ばせてあげたい」と思いながら保育をしている担任もくたくたになっています。採用されたばかりの新人が1年もたたずに病欠に入ったり退職することも増えています。新人が「保育をするって大変だけど楽しい」と感じられる間もなく一人前を要求され、うまくいかずに現場を離れる事態が多くなっているのです。しかし保育士が元気でなければよい保育はできません。

「幼保一体化」を考えるとき、また「滑らかな小学校との接続」を考えるときに、それを検討し、進める主体は誰なのかが、抜けてはいないでしょうか。幼稚園文化と保育園文化は違います。その違いをお互い認め、学び合うところから、本当の「幼保一元化」を進めていくことが大切です。「滑らかな小学校との接続」についても、お互いを知りあわなければ始まりません。職員の交流からはじめ、その中で何が大切かをお互いに確認していくことが必要です。小学校に行く準備のためだといって、大切な幼児期の生活を台無しにしては逆効果となります。その年齢その時期に必要なことを十分に体験することが次への発達の足がかりとなるのではないでしょうか。

品川区の学校現場は保育園の忙しさにも増して忙しく、「保育園児が学校に行ってもいいのだろうか、迷惑にならないだろうか」と多くの保育士が感じています。保育行政当局は、もっと現場を理解し、子どもたちの立場に立って考えてほしいと思います。子育ての結果はすぐには出ません。子どもを大切にし、豊かな幼児時代を送る権利を奪わないでほしいと心から願っています。

この間、品川区の保育行政では、保育現場に混乱を持ち込んだ「保育の品質保証ＩＳＯ」の認証取得を止め（２００１年から２０１１年で終了）、マニュアル通りでない場合に使う「不適合」という言葉が消えました。年長クラスの「専門」（造形、音楽、体育）は、５年で廃止（２００８―２０１２年）、アートフェスタ（品川区の公立幼稚園・保育園の造形・絵画・音楽の発表イベント）も取り組み方を変えるなど、保育現場の矛盾に対処しようという姿勢も見られます。また公立保育園の民間委託が進む中でも品川区は一園も民間委託していない事については、大いに評価すべきです。これは今、保育園の死亡事故が増え、特に条件の悪い認可外保育園で生じる割合が高くなっている中で、保育条件の基準となる公立保育園の存続が不可欠となっているからです。今後「子ども・子育て新制度」となる中でも、現場の意見や子どもたち、そして保護者の立場に寄り添った、よりよい保育行政になるよう求めていきたいと思います。

（及川ユミ子・元品川区立保育園保育士）

第3章　品川区の待機児童対策と保育条件の後退

1　急速に拡大する品川区の保育事業（公立保育園）

日本全体で少子化が進む中で、品川区でも、０歳から14歳の子どもの人口は、１９６４年の８万３８６６人から２００４年の３万１２４０人へと大きく減少してきました。しかし２０１２年には３万７３２８人へと増加傾向に転じています。特に０－５歳児で見ると、１９９７年の１万２３５８人を底辺にして、２０１３年には１万７７６８人へと１・44倍と著しく増加しています（図表３―１）。その背景には、品川区における新たな開発に伴う高層マンションなどの建設がこの間大きく進んでいることがあります。あわせて女性の就業割合の増加の中で、保育要求が大きく高まり、保育行

図表３－１　品川区における幼児（０－５歳児）数の推移

年	人数
1994	13,400
1995	12,892
1996	12,532
1997	12,358
1998	12,408
1999	12,541
2000	12,442
2001	12,605
2002	12,810
2003	13,013
2004	13,253
2005	13,707
2006	14,083
2007	14,458
2008	14,821
2009	15,207
2010	15,928
2011	16,328
2012	16,881
2013	17,768

政は、それにどう応えるかが問われています。

品川区の保育園は、人口35万３５０２人（２０１２年1月現在）、児童数1万７０００人に対して、公立保育園42園、私立保育園24園、認証保育園20園、その他公設民営保育園1園があります（図表３―２）。品川区の子どもの0―5歳児の4割弱が認可または認証保育園に子どもを預けている状況にあります。認可保育園や認証保育園に入らない無認可保育園などを合わせるとこの割合はもっと増えるでしょう。

またこの間3年くらいの間に、株式会社経営の認可保育園や認証保育園が急速に増え、国の保育政策を先取りした幼保一体施設づくりや早期教育に向けた保育が、行政の主導のもとに進められています。

2　品川区で進められている待機児童解消対策

しかし一定の保育事業の拡大にもかかわらず、品川区では、再開発が主要な地域で進められ、それに伴う人口増加で、毎年保育園に入れない待機児童が図表３―３のようになっています。

この表を見る上で、国の待機児の定義が２００３年11月に改正されていることに注意する必要があります。それまでは、認可保育園に入れない児童数を待機児数として数えていました（表のCの数）が、改正定義では、認可保育園には入れなくても、その後、区の補助がある認証保育園、家庭的保育事業（保育ママ）等に入れた場合、あるいは保育を断念した数は「待機児」としては数えないことになったのです。保育園として認可される国の基準をクリアした認可保育園に入りたいという希望をしてもそこには入ることができなかった旧来の「待機児」という定義で見ると、認可保育園の定員が毎年拡大されているにもかかわらず４００名を超える「待機児」が発生している状況が見えてきます。

待機児の問題は全国的な問題となっており、東京区内においても２０１３年度（平成25年度）、認可保育

図表3－2 品川区の入園児数と保育園数の推移

年	入園児数			保育園数		
	認可保育園		認証保育園*	認可保育園		認証保育園
	在園数	定数		公立	私立	
2003	3927	3819	—	38	8	2
2004	4013	3867	—	38	8	4
2005	4117	3958	—	39	8	4
2006	4168	4044	—	39	8	5
2007	4193	4087	—	40	8	6
2008	4322	4139	288	40	8	11
2009	4589	4314	347	40	10	11
2010	4979	4621	386	40	10	13
2011	5324	5140	482	41	13	15
2012	5769	5583	606	41	20	19
2013	6133	6056		42	25	20

＊ 2001年、都、認証保育を開始。

図表3－3 品川区における「待機児童数」の推移

（人）

年	認可保育園申し込み数（A）	認可保育園入園児数（B）	待機児童数		
			定義改正*前の待機児童数（C＝A－B）	再度申し込み児童数	定義改正*後の児童数
2007	1338	972	366	269	73
2008	1515	1095	420	340	115
2009	1544	1101	443	384	123
2010	1771	1284	487	415	66
2011	1688	1282	406	328	61
2012	1865	1445	420	151	50
2013	2021	1594	427	160	62

＊ 国の待機児の定義が2003年11月に改正。それまでは、認可保育園に入れない児童だったが、認証、無認可等どこにも入れない児童に改正される。

園を希望しても入れない待機児は、１８３３人の杉並区をはじめ、大田区、足立区等各区で区に対して異議申し立て行動や要請行動などが起こっています。品川区においては２０１０年から２０１２年の３年間で２０４９名の受け入れ拡大を行っています。しかし２０１３年度の認可保育園を希望しても入れない児童は６３２人と12年度より１３２名増えています。

この待機児童を無くするために、四つの対策がとられています。第一は、認可保育園、認証保育園等を増やす、保育ママ制度を開設する、第二は、既設保育園の定員増もしくは定員以上に子どもをいれる、第三は、保育園に併設されている学童クラブの跡地や、保育園に隣接する学校の空き教室を改修しての定員増、第四は、公立幼稚園と併設した保育園を増設し、幼保一体の施設作りで定員増をする、という方策です。

保育園の増設については、**図表３―２**に示したように、区立単独の認可保育園の増設がほとんどなく、主に株式会社立私立保育園の増設に依拠しているのが実態です。その背景には、保育園だけの区立保育園の増設を抑制して、民間企業の保育事業参入を拡大するという基本方針があります。しかしこれらの中には、子どもの育ちや生活、子どもが育つ環境整備について、好ましくないと考えられ、またこれまでの品川の保育を後退させる内容が多く含まれています。

既設園の定員増

品川区における既存園の定数拡大はすさまじいものとなっています。１００名定数の保育園の０歳児定数は各園９名が普通でしたが、いまでは13、15名に拡大。１歳児は12名の定数が20名程度、２歳児も16名が20名～23名程度になるなど、園によっては児童数の違いはありますが、乳児定数が軒並み増えています。この定数を増やす「工夫」は、一つの保育園の大きさが変わらないところに児童数が増えるだけではなく、ロッカー・布団などの備品も増えるなど、空間がどんどんなくなり、「詰め込まれている」というのが現場の実

図表3－4　公立・公設保育園児定数と実際の在籍者数の推移

年	保育園定数（A）	実際の在籍数（B）	定数を超える在籍数（B－A）	備　　考
2007	3485	3551	66	
2008	3485	3646	161	短時間型就労支援保育１園で開始
2009	3500	3774	274	短時間型就労支援保育２園で実施
2010	3807	4141	334	品川保育園新園に移転、19 園で定員拡大（206 名）、短時間型就労支援保育３園で実施
2011	4043	4332	289	西五反田第二保育園新設
2012	4108	4437	329	北品川第二保育園新設
2013	4219	4447	228	荏原西第二保育園新設

（注）保育園定数・在籍数は、公立保育園＋公設民営園１園の、各年の４月１日現在の数。

感ではないでしょうか。もちろんトイレの数も増えません。

乳児グループが大集団となり、現場では小集団で対応しようとあれこれと考えて小グループに分けて保育実践をしていますが、保育室の数は限られ、午睡室も全員入るには狭く、児童が増えた分、午後5時以降の子どもも増えてシフト当番も増え、職員の配置に無理が出てきて、保育園運営がどんどん複雑になっています。この大変な保育園運営に年長クラスのジョイント期カリキュラムの実践が入り、学校との交流・公開保育等、園全体が目まぐるしく多忙になり、保育士に余裕がなくなっています。

図表3―4は6年間の品川区公立保育園（公設民営園1園を含む）の定数と4月1日の入園数です。0歳児は年度途中の予約制度を行っていますので、年度末の3月にはこれ以上の子どもが入園しています。子どもの数だけでみると、１００名定数3園分の子どもが定数以上に在籍しています。待機児解消のためとはいえ、非常に乱暴な行政の対応といわざるを得ません。

図表3―5は、２０１３年までのG園の入園状況です。この園は、夜10時までの夜間保育を行なっています。１９７２年開園当初１００名定員だったものが１１３名になり、さらに２０１０年度末には、１３７名の子どもが入っています。この園で

図表３－５　G保育園（22時までの夜間園）の定員、受入数の増加状況

	1972年開園当初の定数	2005年の在園児数	2010年・定数改正			2012年4月の在籍	2013年4月の在籍
			定数	4月の在籍	年度末の在籍		
0歳児	9	9		9	14	9	10
1歳児	15	16		23	23	19	21
2歳児	16	18		26	26	24	23
0歳－2歳計	40	43	47*	58	63	52	54
3歳児	20	20		28	28	26	26
4歳児	40	40		24	24	27	25
5歳児				21	22	28	26
3歳－5歳計	60	60	66*	73	74	81	77
合計	100	103	113	131	137	133	131

＊　それまで年齢ごとに決めていた定数が、2010年に乳児枠（0～2歳）、幼児枠（3～5歳）となった。
(注) 2002年の職員数は、正規職員19人（園長、保育士17人、看護師、用務）、非常勤保育補助14人。
2012年の職員数は、正規職員22人（園長、保育士17人、看護師、用務）、非常勤保育補助22人。

は、これだけの子どもを入れるために、保健室、調乳室、お風呂場等だった場所を保育室に改修して、子どもたちを小集団に分けて保育を行なっています。しかも保育士は、園長を含め同じ17名で、非常勤保育士を8名増やして対処していることからも明らかなように、非正規保育士の割合が大きく増加しています。

多くの園がこのように定員以上の子どもを受け入れ、しかも1、2歳児が特に多くなっています。そのため少人数に分けた保育や遊ぶ場所を区切る、食事の時間や子どもの動きがぶつからないようにする等、いろんな工夫がされています。しかし、どうしても混雑をさけきれない場面がでてきたり、トイレの順番待ちができたり、散歩に行けない、部屋の中に子どもがいっぱいで、喧嘩やトラブルがふえる等ていねいな保育ができなくなっています。

空き施設や小学校の空き教室利用

定員拡大のもうひとつの方法は、保育園の3階、または同じ建物にあった学童クラブ跡地を改修して定員を増やす、または近隣小学校の空き教室を改修して年長児を入れることです。

図表3－6　空き施設利用による定員増の実態

利用する空き施設	園	空き施設利用前の園児定数(2004年)	空き施設利用直後の園児定数	2012年4月1日		保育園からの距離
				園児定数	在籍数	
学童クラブ跡地	O園	85	125	125	139	100 m***
	I園	83	112	131	142	3 F
	E園*	84	114	120 (＋8)	130 (＋9)	3 F
学童クラブ跡地・学校空き教室	N園**	75	107 → 142	147	157	3 F／100 m
学校空き教室	K園	100	126	126	138	90 m

＊　(　　)内は、短時間就労枠。
＊＊　N園は、まず同園施設3Fに併設されていた学童クラブ跡を利用して、定員107名とし、さらに隣接の小学校空き教室利用により、定員142名に拡大した。
＊＊＊　建物の1階の反対側にある。

3階を保育園にした園では、4、5歳児を3階で保育しています。ところが、3ヵ所の中の2園では、予算が無くて給食リフトを3階まで作れず、子どもたちが、給食やおやつのたびに3階から1階の食事室へ登り降りをしています。また同じ建物の1階園で、保育室などがかなり離れているケースでは（100メートル程度。表3―6の空き教室利用のO園）、給食やおやつを食べるたびに、4、5歳児が建物の端から端の保育園まで移動しなければなりません。「雨の日も風の日も渡り廊下を毎日移動するのは、つらいものがあった」と元職員が話していました。

保育園から100メートル程も離れた小学校の空き教室を改修して年長児を保育している所は2園ですが、今まで保育の中で大切にされてきた、0歳から5歳までの保育の継続、同じ園の中で年齢の差を間近に見、接しながら育ちあってきた関係はどうなるのか疑問が多くだされてきました。ここでも子どもたちは、昼食は学校給食を食べ、おやつは保育園に帰って食べ、夏や冬の休みなどは保育園の給食を食べます。

このような状況を考えた時、子どもの育ちや人権、育つ環境を本当に大切に考えているとは思えなくなってしまいます。図表3―6は学童保育跡地利用、学校の空き教室利用後の園児定数の変化です。

急速に拡大する保育事業との関係

保育条件を厳しくしているもうひとつの原因は、多くの保育事業が条件整備を十分に伴わない形で拡大されていることです。品川区では、保護者の保育要求の多様な高まりに対して、多様な保育形態を既存の保育に組み合わせる形で提供する試みをこの間急速に拡大してきました。１９９９年より夜10時までの夜間保育を皮切りに、全園での延長保育をはじめ、緊急一時保育、子育て支援、全園の応援体制で実施されている休日保育、年末保育、園を決めて行なわれている病後時保育（３園）や短時間就労対応型保育室（５園）、地域交流保育「ポップンポップルーム」等、今日にいたるまで毎年保育の事業拡大がされてきました、またこれ以外に２００９年3月までは10園で派遣保育士を配置、または業務委託をして生活支援型一時保育「オアシスルーム」を行なっていました。図表3―7、図表3―8は、その主な保育事業と利用数です。

品川の保育園では、これらの子育て支援など沢山の保育事業を限られた正規職員と非常勤、派遣保育士などと協力しながら行なっています。しかも延長夜間保育や休日保育等は、定数枠がないので希望者全員を受け入れています。一定数職員の中、その年度や毎日の保育の中で、シフト勤務を増やしたり減らしたり、工夫の限度を超えて保育しています。その事だけでも大変ですが、その上２００１年から数年かけて作成された、保育の品質管理マニュアル作りの中で事務量も膨大になり、さらに現在進められている幼保一体の保育等でカリキュラム作成や保育準備などの事務が増え、保育から離れて事務をする時間が多くなっています。そのため、事業の拡大が同時に保育の質の低下を引き起こさざるを得ないような状況があります。

東京の他の区で、２０１３年度時点で品川区のように、５歳児を小学校の空き教室に入れているような乱暴な対策をとっている例は聞きません。

図表３－７　1999年より始められた保育事業（2013年4月現在）

（園数）

新たな保育事業	開始年	園の保育終了時刻		
		19:30	20:30	22:00
延長夜間保育（産休明け園）	1999年	22	6	6
延長夜間保育（1歳児園）	1999年	8		
休日保育	2000年	2		
病後児保育	2000年	1	2	
短時間就労対応型保育室	2008年	4		

図表３－８　保育事業拡大の状況

		年末保育（12月29、30日実施）	休日保育	病後児保育	一時保育（旧・緊急一時保育）	生活支援型一時保育〈オアシスルーム〉	地域交流室〈ポップンポップルーム〉*
開始年		1999年	2000年	2000年		2004年	2005年
年間利用者延べ人数（人）	2005年		1376	1110	2640	6377	2215
	2006年	231	1499	1118	2786	7921	5256
	2007年	96	1398	1211	2809	9789	9182
	2008年	206	1409	1115	2798	10985	14287
	2009年	222	1521	1127	3590	10713	16453
	2010年	154	1105	1195	2248		4685
	2011年	138	934	1185	2036		4640
独自職員の配置		×	×	○	×	○	○

（注）　空欄は不明。
＊この事業は現在は、他の施設で行なわれている。

図表３－９　品川区・公立保育園職員数の推移

（人）

	2002 年（A）	2008 年	2011 年	2012 年	2013 年（B）	2002 年から 2013 年までの職員数増減（B－A）
正規保育士	535	585	672	691	695	＋ 160
看護師	28	23	27	26	26	－ 2
用務	37	36	44	44	42	＋ 5
再任用（保育士）	0	6	25	21	19	＋ 19
非常勤保育補助	375	485	584	602	616	＋ 241
人材派遣保育士	0	37	56	78	74	＋ 74
臨時職員	0	13	3	8	9	＋ 9

職員配置の問題

　定員拡大にともなって職員配置等の問題が出てきました。品川区はかって品川独自の職員配置基準を作り、都の基準より高い基準で保育を行なってきました。その基準が１９９７年より見直しされ、１９９９年からの毎年の事業拡大と行政効率化の中、現在の正規保育士はぎりぎりの配置になっています。保育士が足りない時間帯は、５時間、３時間の非常勤保育士で補い、長期の病欠、産休・育児休職、特別支援保育、子どもの入園状況によっては、派遣保育士を入れるなどしています。**図表３―９**からも明らかなように、公立保育園全体で見て、この間、非常勤および派遣保育士の数が急増し、現状では正規保育士と非常勤等保育士の数はほぼ同数に近づいています。

　また看護師は０歳児園に1名配置されていますが、当初看護師は、子どもたちの健康管理、子どもや父母への健康・保健指導などもしていました。保育事業や子どもの増加で職員配置が厳しくなるにつれて、健康・保健指導等はできなくなり、現在は０歳児クラスの担任の一人として、指導計画の作成なども行なっている園が多くあります。また看護師の退職に伴い不足分の看護師を請負委託にしている園もあります。

　栄養士も１９９７年までは０歳児園全園に配置されていましたが、

職員配置の見直しにより１９９７年には12名に、現在は保育課所属の６名になり、６人の栄養士が担当を分担して全園をまわっています。給食は全園が業務委託になり、６人の栄養士は統一献立を作成し各園の調理指導等を行ない、給食の食材発注等の事務は園長や副園長が行ない、一人ひとりの離乳食の献立は０歳児担当保育士がマニュアルをもとに作成しています。

このように職員配置はぎりぎりの状態で、専門職の専門性も生かされなくなり、職員総動員で保育に当たっている状況です。

以上のように、この間の品川区の保育政策は、保育現場に矛盾を蓄積し、保育条件を低下させ、保育職員の多忙化を大きく進める方向で進んでいます。品川の子どもに豊かな保育を保障するためには、区の責任で認可保育所を増設し、保育士の正規雇用を基本として待機児童をなくしていく政策を進める必要があります。

（山岡スミ子・元品川区立保育園保育士）

第4章　［座談会］いま品川の保育現場で起きていること

——急速な変化と矛盾、多忙化のなかで——

発言者——佐藤洋子（元区立保育園保育士）／田中淑子（元区立保育園保育士）／武藤弘子（区立保育園保育士）／山田豊子（区立保育園保育士）／吉田綾子（区立保育園保育士）／中山百合（元保育園父母会役員）

司　会——及川ユミ子（元区立保育園保育士）

及川（司会）　今日は、品川の保育園の現職の年長児の担任と、すでに退職された経験者に集まっていただき、現在の保育を話し合っていただくことにしました。品川の保育園は、幼保一体、保幼小一貫教育などを進めるようになって、本当に忙しくなってしまいました。その実態についてお聞きしたいと思います。

競わされる保育の「成果」

武藤　私は、ずーっと、4、5歳クラスを受け持ってきました。その中で、ここ10年で特に5歳児の保育が変わりました。「音楽」「体育」「造形」という三分野の「専門」指導が始められたり、品川区の保育園すべてが園児の作品を持って参加する区の保育園行事「アートフェスタ」が毎年開かれるようになりました。

4歳、5歳は、保育園の中心として活躍する年齢ですから、季節ごとに大きな行事があり、それを柱にして1年間が流れて行くのです。ところがそこにいろいろと新しい企画が上から降ろされるようになり、やることが急に増えました。その分、子どもと関わる時間や子どものために準備をしたり話し合う時間が削られ、ただ言われたことをこなし、保育を消化していく感じになりました。

　そのことをとてもよく表しているできごとが、去年のアートフェスタの取り組みでした。私は４歳児担当でしたが、年長児が一生懸命、1ヵ月ぐらいかけてイメージを膨らませ、試作をし、すごくいい作品ができたのに、作品の出品規格に合わないということでボツにさせられた。展示スペースは子どもひとり牛乳パック1本分ほどと決められていたんですけど、担任の先生は牛乳パック1本を開いて２本分のスペースを使いました。それですごく素敵な箱庭のような自分の夢みたいなのができて、すごいなと思っていたんだけれど、結局それ一人で牛乳パック２本分スペース使っているからダメだと言われたんです。それがボツになったのがアートフェスタの1週間前です。結局保育園の中だけで飾り、アートフェスタには、大急ぎで代わりの作品を作って出品しました。

山のように課題が押し寄せる

山田　年長組を担任して、仕事が山のようにどんどん、やってもやってもあるっていうことが辛くて。まず毎週火曜日に「専門」があり、Ａ４判の紙に記録をしなければいけない。今はＡ４の半分にはなったけれど、ねらいや活動から子どもの姿まで、全部。また、うちは見返りの日誌といって、親に出す日誌とは別に今日の保育の反省を、自分の反省とか、こういう援助をしたけどうまくできなかったみたいなのを書かなければならないのです。

　年長児は行事を主体的にやっていくので、その準備があります。プラネタリウムへ行くというと、星座の本をコピーしてオリオン座がこんなところにあるよとか、その星の話の本を借りてきたり、万国旗を描くのであれば、ただ運動会の万国旗作るだけじゃなくて、地球儀から世界地図から必要になる。とにかく山のようにある。子どもとじっくりと遊ぶ時間がいつあったんだろうっていう感じですよね。保育から抜けて事務をすれば子どもとの接触ができない。全速力で駆け抜けて、子どもを叱りながら終わった1年間だった。

遊ぶ時間がない保育に

吉田　たとえば7月であれば、七夕の笹飾りを作って、そのあと夏祭り。プールも始まっているので、プールの目標を立てなさいということもあるし、ちょうちん、おみこしなどのものづくりにドドドーッと追われてしまう。子どもたちにとっては、すごく苦しい感じかなあと思っています。

　常に保育士がプリプリ怒っている状態で、また怒ったよとかって子どもたちもわかっている感じです。だから、子どもたちのモチベーションも上がらず、楽しくないって思っていて。たとえば作品を作るのも、最初は楽しいんですけれど、次々に作るものが押し寄せて、子どもはちょっと外で遊ばせろって、怒っている感じです。

司会　作品というよりも、期日に追われる「仕事」、ノルマみたいな感じなんですね。

山田　年長担任はマラソンの先頭を走っているようなものです。一番辛かったのは、公開保育。年長だけの公開保育が年に数回あり、こうしなさい、ああしなさいと助言をされて、また手直しして公開保育をしたのが一番大変でした。自分の納得できないところがあっても、それをやって見せなくちゃいけないので、いつもやってないことをいつもやってますよという風に見せたりとか。

　アートフェスタが終わった頃から、子どもが疲れ気味で、もう何も嫌だみたいな感じになったんだけど、そこに卒園式や最後の発表会がやってきたりすると、やっぱり叱咤激励しなくちゃいけないので、１年間本当に子どもとゆっくり遊んだという感覚がないままに終わった1年でした。

吉田　たとえば今日これを作るんだけれど、これ早く終わったら遊べるのよって言うんだけれど、結局11時40分までかかっちゃう。そうするとやっぱり遊べなかった。だからじゃあ明日は早くやって頑張ろうといっても、結局10分ぐらいしかなくて、じゃあいいやみんな約束したから5分だけとか言って、わあーヤッターと、お庭で遊ぶ。

子どもの思いに寄り添う保育をしたい

司会　どうして遊ばせたいと思うんですか。

佐藤　子どもには、誰々ちゃんと遊びたいとか、あれ面白かったからやりたいとかいう願いがあるでしょう。友だちとそういう自分の気持ちから関わることで、我慢したり主張したり、すごく学んで成長する。

もちろん、日常の身の回りのことがきちっとできるようになり小学校に行けるようにしようねとかも求めるんだけど、以前はそれを子どもたちのペースで緩やかにできたけれど、今は保育のペースを区が作って、そのペースに保育士もはめられている。5歳児だけでなく4歳児にも、上履きを履きなさいとか、昼寝は短くとか、ハンカチを持ちなさいとか、年長児はリュックサックを持ってきてそこに荷物を入れて、ロッカーに入れるのは最低のものだけにしなさいとか、いろいろなことを求められているから、子どもたちが自分で今何をしたいかが本当にわかりづらく、つかみにくい。

だから本来保育の中で集団性が育つ場なのに、なかなか育たない。友だちの気持ちを受け止めて自分をそこで折り合いをつけることもできない。

田中　遊びの中で友だちと接することがやっぱり本当に楽しいし、心から楽しいって思えるから遊びたいって言うんだよね。それを保育士がわかるから、自分も一緒に遊んだらとっても楽しいねって共感できる。

だけどそうできないので、本来の心の育ちがなくなっているように思うのです。

司会　私の頃は、年長児でも週に二、三回散歩に出てたんだけれど、今はどうですか。

武藤　うちの園では、幼稚園交流事業で、近くの幼稚園に月から金の5日のうち3日行って、後一回は火曜日は「専門」の指導ですから、散歩に行ける日が1日しかない。

司会　週に3日幼稚園行って何してるの？

武藤　幼稚園で遊ぶんです。午前中だけ。

司会　向こうの幼稚園の子どもたちと？

武藤　幼稚園に、うちの保育園用の部屋もげた箱もロッカーもあるし、園庭も使っていいし、一緒に遊んでもいい。でも打ち合わせとかしてる暇がないので、ただ行って何となく過ごす。

司会　一体何のための交流なのでしょうね。

職員が話し合いで保育を作ることが困難に

武藤　今日は小学校に行く日、今日は幼稚園行く日、今日は「専門」の「音楽」のソーラン節の練習とかって、ぶつ切りになって、一番大事な保育園の行事のところがうまくいかない。やれって上から降ろされてくるから、反省のしようもない。

山田　保育から抜けてやらなければならない事務が多いので、一番子どもの素の姿が見える午後の時間帯に子どもと一緒にいられないことが多いですね。子ども同士のトラブルだとか、子どもがちょっとした変化に驚いたり感動したりするところがすっぽり見れないで1年過ぎてしまった。そういう気づきは、全部、他の先生から教えてもらっている。今日誰々くんすごかったんだよーとか、今日あの子と喧嘩になって、今こうなっているからよろしくねみたいな感じで、その場にいられなかったので、結局担任としてその子の1日を見てあげられていない。昔みたいに夜遅くまで残って職員同士でとことん話し合うのはもう皆無。職員会議も、報告、報告で、意見をもとめるようなことが出ても、今そんな時間はないから、じゃあフロアに持ち帰って、また次回持ってきてね、みたいになっている。

司会　反省も計画も規格品ですね。

佐藤　この保育園で、この保育士とこの子たちの組み合わせというのがあって、そこからクラスの個性が出てくる。だから毎年違う個性になる。だけど今のお話聞いていると、やることが一緒だから、規格品のように一緒で、保育に色が出ない。

しかも、若い保育士さんには、とことん保育のことを話し合うという経験がない。保育の中身を話しあう場がないと、隣りのクラスのこともわからない。だからゼロ歳から年長までいる異年齢の姿や保育のあり方についても、同じところに居ながら、学び合うことができなくなっている。

保・幼・小の交流の実態

司会　品川の保育園の年長児は、幼稚園に間借りしていたり、幼稚園のクラスの中に入っていったり、学校に年長児だけの教室（保育室）があったり、認定子ども園の場合、幼稚園児として措置する子がいるというような、5～6種類のパターンが出現していますね。

山田　私の園の年長児が行く小学校は、とにかく忙しそうで、今年は話し合いも十分取れてない。去年は毎週木曜日に来ていいですよって言われるので、年に何回か先生たちとお話もしたんだけれど、後半の方は学校自体が忙しくて、話し合いも「ちょっと待って下さい、そのうち電話します」というままで、話し合いもできない状態です。

武藤　学校は本当に忙しいんです。私も3年間小学校と交流やりましたが、年長の時の交流なんか流れ作業です。朝行くと、まず並んで順番に写真撮る。そして、はいじゃプールに行きますって。そしてペアになった5年生がいて、手をつないで、はいここで着替えさせて、プールに行って、プールでは一緒に遊んでくれたりして楽しいんですけれど、プールあがりました、着替えました、ハイ今度パソコンに行きますよ。

次にバトンタッチして、6年生がパソコンで年賀状作りをほとんどやってくれるんですけど、その時に朝撮った写真がパソコンに入って、それを使ってどんな飾りがいいとかって6年生がやって選ぶでしょ。それをプリントアウトしたらそれをおみやげに持って給食に行って、みんなで給食食べて、さよならって帰るんです。もうただお客さん状態。子どもたちも何だかわからないまま、あっちこっち連れて行かれました。

山田　給食を食べに行った時もそうだよね。待ってなくちゃいけないの、一つの部屋で。そうすると小学校の1年生が、私は誰それさんを誘いに行くと決まっていて、「誰それちゃん」って迎えに行くカードを作って、それで呼びに来て、手をつないで連れて行くわけ。もうずっと待っていてそれで連れて行かれて、グループにわかれて食べるっていうことなんだよね。だから年長児の主体性なんて何も考えられていない。

司会　この交流は、学校の先生も保育士も望んでない。それでもやらなきゃいけなくなっている。

保護者との関係の変化

中山　私の子どもたちが保育園に通っていた頃は、頻繁に保護者会があって、こういうことがこの間あったんですけどどうしたらいいかなあとかいう投げかけが園側からあったり、親からもいろんなことを質問して、親も保育に参加しているという感じがすごく強かった。それで親と保育士のつながりもできてるし、親同士も横につながれる。そういうのは今どうなっているんですかね。

吉田 保護者会は園によって違うけど、年に4回ぐらいはあります。それで年度初めは必ず年間指導計画の説明とか園の方針を説明したりする会があったり、食育の保護者会があったりっていう感じです。でも父母会という組織はありません。

山田 保護者に対して、いまは言葉ひとつとっても、すごく神経使いますね。ケガだとか、持ち物だとか、昼間のトラブルだとか、マイナスイメージを持たれちゃいけないと考えてしまう。たとえばトラブルにしたって、何か言うと、すぐうちの子が悪いんですかみたいな感じにならないように話し方に気を使います。連絡帳の文章の書き方、クラスだよりの文章の書き方、日誌に至っても文章の書き方では、使っちゃいけない言葉がいっぱいあったりして、気を使います。

佐藤 保育がサービスに変った時に、区から「意識改革」が進められました。サービスになれば保育は商品になって、預かった通りにお返しする、ケガをさせたらダメですよという中で、保護者と子どもが「お客さん」になってしまった。それで保護者とのトラブルがあれば、その保育士の責任、不適合と再発防止をとなります。そういうことが繰り返される中で、親と保育士と子どもの育ち合いという感覚がなくなってきたように思います。

司会 そうは言っても親との信頼関係を築くことなしには保育は成り立たないから、そういうことでは今も昔も変わらない保護者との関係っていうのはこれからも大きな課題になると思います。

現場の思いを発信していくこと

山田 子どもって不思議なもので、学校は保育園とは違うんだっていうのをわかってるし、ぎりぎり保育園では、お昼寝しても、学校に上がれば、すぐ切り替える力を持ってるのよね。大人が心配するように、保育園で訓練しておかなければ学校行っても眠ってしまう、なんてことは絶対あり得ない。もうちょっと子どもを信じていいんじゃないかと思うし、親にどういう形にしたら子どもが成長できるかを率直にわかってもらうとか、今の保育ってこれでいいのっていうのを親と一緒に話し合っていかないと、保育士だけでいろいろ区に行ったって、多分それは無理だし、やっぱり親と手つなぎをして、品川の保育これでいいのって話し合って行きたいなと思いました。

中山　もう保育園の幼児の時から、勝手に大人たちが作った基準で、何々ができるとかで評価していく。そこから振り落とされていくような子どもを傷つけて、幼児のところから落ちこぼれみたいなのを作り出し、コンプレックスをうみだし、そうやって親も子も傷つけられていく。

でも本当の保育には、そんな基準はいらないし、いかに楽しく仲間を作って一日遊ぶかが一番の課題で、この子たちに意味もわからない課題を押しつけて、しかもそれができたらいいとか悪いとかいう基準をあてがうのは、おかしいことです。保育園や小学校でその子の人生が決まっちゃうようなイメージだよね。そこからは、格差・貧困を生み出す現代社会の構図が見えてくるじゃないですか。これこそ本当に、社会の精神的な貧困化ですよね。

いつもいつも、今は明日のためにあって、今日を楽しむことは許されないっていうか、今日は先のことのためにいつも準備をしてなきゃいけなくて、今日のための今日がないっていう感じですよね。子どもの権利条約に関して「子ども期を奪われた子どもたち」というタイトルで日本からの報告書を出しましたが、まさしくそれだなあと思いました。いつも小学校の準備のために今日があるだけでは、今日は本当には生きられない。

田中　学校がそういうことを要求しているんですよね。だから幼稚園から英語を教えろとか、何ができるようにしろとか。それが保育園までくる。

いま、足立区とか墨田区とか、たくさんの区が品川と同じことをやり始めている。5歳の昼寝をやめろっていう命令をし、保育園を教育委員会の管轄にしている。そして「課題」をやってない保育園はどこだっていうチェックが入るようになっています。一定の指標を作って何々ができるようになったのは何％というのを議会に出している。品川は、その一番最初なんです。目標管理ですね。学校は今完全にそうなっている。

司会　今日は、お忙しいなか本当にみなさんありがとうございました。品川の実態、保育のあり方など、貴重な証言やお考えを聞かせていただき、いろいろ考えさせられました。この現実を広く知っていただき、品川の保育をよくしていく声につなげていきたいと思います。

郵便はがき

料金受取人払郵便

神田局
承認

1010

差出有効期間
平成28年2月
28日まで

101−8791

507

東京都千代田区西神田
2-5-11出版輸送ビル2F

㈱花伝社 行

ふりがな
お名前

お電話

ご住所（〒　　　　　　　）
（送り先）

◎新しい読者をご紹介ください。

ふりがな
お名前

お電話

ご住所（〒　　　　　　　）
（送り先）

愛読者カード

このたびは小社の本をお買い上げ頂き、ありがとうございます。今後の企画の参考とさせて頂きますのでお手数ですが、ご記入の上お送り下さい。

書 名

本書についてのご感想をお聞かせ下さい。また、今後の出版物についてのご意見などを、お寄せ下さい。

◎購読注文書◎

ご注文日　　年　　月　　日

書　　名	冊　数

代金は本の発送の際、振替用紙を同封いたしますので、それでお支払い下さい。
（2冊以上送料無料）

なおご注文は　FAX　03-3239-8272　または
メール　kadensha@muf.biglobe.ne.jp
でも受け付けております。

第二部　品川の保育の歴史と到達点

第5章　豊かな保育運動の歴史を力にして

――品川の保育と区の「保育改革」の歩みと課題――

1　品川保育運動第一期（１９６０~７０年代）――ポストの数ほど保育所を――

品川の保育運動の原点は、戦前１９３１年11月、東京市品川区西大崎1丁目１１６番地に開設された荏原無産者託児所の開設といってもいいのではないでしょうか。

１９６０年代、池田内閣は「国民所得倍増計画」にもとづいて「人づくり政策」を打ち出しました。その中で、女性労働者、とりわけパートタイマーが増え始めました。女性の被雇用者は、１９６７年には1千万人を超えました。当然、働く女性たちから、保育要求が高まり、保育所増設運動が広がりを見せました。しかし、政府も世論も、「育児は家庭で」という考えが主流を占めていました。それに対して、労働組合は保育所増設の要求をだし、多くの婦人団体も発足して「はたらく婦人の中央集会」が開催されるなど活発な動きとなっていきました。

１９６２年、品川の父母・保育者・労働組合婦人部が中心となって「保育所つくり協議会」が結成され、保育所つくりの運動が広がり、すでに発足していた乳児共同保育「ひよこの家」（非営利、品川区戸越）が大きな役割を果たしました（ひよこの家は、２０１３年現在も引き続いて、品川保育問題協議会の連絡先となっています）。「こぐまの家」（乳児共同保育所）も誕生し、これらが公立の保育園づくり、保育内容、保育条件改善運動の推進役を果たしました。

１９６３年、東京無認可保育所連絡協議会（準備会）が、東京都への請願運動に取り組みました。「産休後の乳児をあづかってくれるところはなくやむをえず父母の乏しい給与から費用を負担している。無認可施設への補助をお願いしたい」と請願し、その後の補助金制度の道を開いていきました。無認可保育所運動は、当時の政府が認めなかった「産休明けゼロ歳児保育と長時間保育」を実施してきたのです。さらに、こうした取り組みは、自分たちの保育所の運営維持だけでなく、地域や職場にたくさん認可保育所をつくらせる運動の中心的な役割を果たしてきたといえます。

働く女性の要求運動が高まり、「ポストの数ほど保育所を」を合い言葉にした保育要求・運動は、革新都政（６７年４月）、革新品川区政の誕生（75年４月）にも大きな力となりました。

品川区にも、68年に「ゼロ歳児保育実施の請願書」を提出、職員組合も実施に賛成し、自主学習に取り組み、69年西品川保育園で生後８ヵ月から０歳児保育を始めました。

71年には、父母の会連合会も結成されました。父母とともに職員組合の保育園部会も大きな役割を果たし、行政・保育園部会・父母の会代表の三者懇談会が設置されました。各園も父母の会との共同の子育てを追求するようになってきました。

品川の保育運動の中で、73年からは産休明け保育実施をはじめ、障害児保育、長時間保育、手作り四回食の給食（子どもの食事を、朝、昼、おやつ、夜の４回ととらえ、保育園のおやつも焼きそば、うどん、サンドイッチ等の軽食の献立とした）の実現など、保育内容でも先駆的な役割を果たしました。

2　品川保育運動第二期（１９８０～９０年代）

――保育運動の高揚と保育への「行革」の嵐――

保育運動の高揚

80年代、父母、保育者、地域の人たちと共同しての保育運動が広がりました。公立保育園では、父母との共催行事（夏まつり、運動会、もちつき）、園庭・プールの開放など積極的に地域によびかけて取り組みました。また、保問協や教職員組合、子どもに関する団体が協力して、保育から教育分野まで子育てについて話し合う「子育て懇談会」が開催され、区内各地でも取り組まれました。

行革の始まり

中曽根内閣は「行政改革」を進め、１９８３年「新行革大綱」を決定、臨時行政改革推進会議（土光敏夫会長）が発足しました。85年からは、「地方行革」の名による国庫負担、補助金の大幅削減が行なわれ、教育費が削減されていきました。

品川でも、区議会での「行革特別委員会」設置（１９８３年）、議員定数削減・保育職員削減を自民、公明与党が主張し、１９８２年4月行財政検討準備委員会が設置され、５１６名の職員定数削減（素案）が提案されました。保育関係者、職員、消費者団体関係者を中心に区民ぐるみで素案の撤回を求める運動を展開し、その結果25万筆の署名が集められました。とうとう品川区当局も8月18日、素案の撤回を表明するにいたり、区民の運動の大きな成果が収められました。１９８３年4月に行なわれた区長選では、区職労の委員長であった岡部達男さんが善戦しました（3万４６９０票、得票率28％）。

その後、１９８３年に、今度は、議会に行財政改革特別委員会が設置され、あらたな行革が区から出されました。最初の提案として、福祉、教育分野で２１１名の職員削減、学校警備の機械化、保育園の調理師削減、児童センター学童保育クラブの指導員削減、保育園保育料や施設使用料値上げによる区民負担増大が提起されました。一方、大井町、西大井に加え大崎駅周辺の大規模な再開発が進み始めたのもこの頃です。

しかし、平均47％もの保育料大幅値上げに反対して１６００名の保育関係者が品川公会堂に集まりました。当時の記録によると、大幅値上げに対して助役要請も行ない、保育料改定の再検討、保育料問題に関する拡大三者懇談会の設置、利用者との話合いをつくすという保育問題協議会等四者間での確認書が取り交わされています。さらに、９万４５０筆の保育料値上げ反対署名（各団体合算）が議会に提出され、初めて委員会傍聴が可能となりました（１９８４年３月６日厚生委員会、１９８６年４月に委員会公開）。

保育運動つぶしと果敢にたたかう

１９８７年児童福祉法施行令が改悪され、公立優先の原則が廃止され、保育制度の多様化、保育所の民営化、保育の市場化が進み始めました。

しかし、雇用の格差がすすみ、非正規で働く人々が増えるとともに、同時に保育園への入所希望が増加していきました。１９８１年から85年まで３５７名の職員削減が提案され、同時に学校給食の民営化の請願（品川区行財政改革推進協議会・会長小山秋義氏）も区議会に出されるという状況が生まれました。それに対して、保護者達が学校ごとに「すばらしい学校給食を守る母たちの会」を組織して学校給食をまもれと奮闘しました。

89年３月５日　保育料値上げ、職員削減、学校給食民営化反対に１５００人が品川区役所前にあつまり、学校給食民間委託をストップさせました（１９８９年３月区議会）。このときは区議会への請願署名も18万

４９８６筆が集められました。

また、92年大崎保育園移転の動きに対しても反対運動が展開され、２万７４９９筆を区議会に提出、いったんは当地で存続決定をしたのに、その後、大崎・西品川連合町十町会会長名で移転させよと請願が出され、区議会で強行採決し、移転となりました。この時期、教育においても行革の提案がされ、中学校の移動教室、松崎学園の廃園提案（90年）が出されました。それに対しては、存続を求める請願運動が取り組まれ、２万２６００筆が集められましたが、最終的には静岡県松崎町へ売却されました。

保育内容への介入、父母会排除

国会では、細川内閣の下で、「保育サービス法」を制定、自治体の裁量のもとに、保育予算をきめるなど保護者への負担増が大きくなってきます。

品川区議会に、１９９４年、議員定数の削減、保育園職員の定数削減をねらいとして第二次行革特別委員会が設置され（11年目に再開）、本格的に保育園への攻撃が強まっていきました。区議会で、与党議員は、保育園の父母の会活動を敵視して、「署名は政治色がつよい」「保育園父母の会の保育園舎使用は問題だ」など暴言が繰り返されました。また、保育課長（当時）は、「夏祭りは保育園で勝手にやっている」などと区議会で答弁をするなど、保育園の父母会活動や行事にまで直接干渉する事態が生まれました。

さらに品川区当局は、区立保育園園長会を通しての職員への管理強化や　三者懇談会の廃止（１９９２年）、父母との共催行事の廃止、お泊り保育の廃止（96年）、夏まつり、父母の会、バザーなどへの協力を禁止してきました。父母の会の保育園使用禁止（99年）を指示し、父母の会は「保育園とは関係がない団体」という内容の「通知」を保護者宛に出す（99年）など、異常な状況がつくりだされました。

職員定数は、97年度に保育園88名削減、98年度に40名削減となり、産休明け保育士、栄養士、０歳児用務、障害児保育の正規職員など主に区独自の加配職員が減らされました。

３　品川保育運動第三期（２０００年～現在）――待機児の増加とその解決に向けて――

２００１年、日本の合計特殊出生率（一人の女性が生涯に産む子ども数）は、１・33にまで低下して子どもが減少する一方で、若い世代で共働きが増大して保育園入所の「待機児」が激増しました。品川区でも２００１年1月、待機児３３９人（０歳児２２５人）が生じ、各保育園の定員を15％増としました。これは、厚労省が、新年度開始時に定員いっぱい、５月以降は25％増し、10月以降は、無制限に増やしてもいいという政策をとり、さらに、だきあわせで、１９９８年に保育士の配置に対する規制緩和を進めた結果でした。

「待機児童ゼロ作戦」

２００１年、小泉内閣が誕生し「保育所待機児童ゼロ作戦」に乗り出しました。しかし、小泉内閣が進めたのは、市場原理の導入でした。この方向は、小泉「構造改革」の一環であり、さらに石原都政のもとで保育行政の大きな変化が進められていきました。

行政の進める「待機児童ゼロ作戦」とは、保育所、保育ママ、幼稚園における預かり保育活用、そして施設運営は、民間を極力活用して、最小コストでの実現を図る事が基本に置かれていました。従来であれば保育所と認められなかった保育施設を都が独自に「認証」して、都内各地に増設が進み、また公立保育園の民間委託が進み、品川でも企業が経営する認可保育所・認証保育所が増えはじめました。

保育運動への圧力が激しさを増していったのもこの時期です。２００１年3月区議会、「公立保育園父母の会は、父母連に加入していて交渉や要求をする活動団体で、区議会や保護者、関係者から批判が出ていて、時代にそぐわない団体だから、区と一緒に保育行政を行う保育園ＰＴＡを支援してつくる」と担当部長が発言するなど、あからさまな父母会排除政策がとられました。その後、品川区は国の保育政策と一体になり、保育行政という公的保育サービスの縮小化を進めてきました。

以下、９年間の品川区の保育行政の特徴を列記してみましょう。

①２０００年、保育園給食民間業務委託スタート（２０００年５園、２００４年には全園で実施）。休日保育、病後児保育をスタート。

②２００１年、東五反田保育園でＩＳＯ９００１（保育園の品質保証評価）を取得し全園に広げる。

③２００２年、幼保一体化施設・二葉すこやか園、２００６年、幼保一体施設「のびっこ園台場」（台場幼稚園・台場保育園）。

④２００２年、保育園ＰＴＡを立ち上げ、父母の会を完全に排除する。

⑤２００３年、看護師の業務委託化。

⑥２００４年、オアシスルーム（生活支援室）を立ち上げ、その後ポップンポップルーム（地域交流室）など「多様な保育」を展開する。

⑦２００７年より、認定こども園開設、公立保育園３園で実施。

保育要求を掲げて

２００９年４月には、品川区の待機児が４４３人と、過去最大になりました。

区民の保育要求に関しては、「保育園の増設を」と１９８６年以来27回に及ぶ品川保育問題協議会の請願運動を中心とした要求行動が粘り強く行なわれてきました。２０１３年11月には、「一人ひとりの子どもが大切にされる品川区を求める」請願（保育水準維持のため職員の配置や保育室の面積など現行の保育所最低基準以上、認可保育園施設増設、園庭・公園の環境整備を自治体の責任で行なう）が提出されました。新婦人からも請願「待機児解消の保育園増設を」が提出されました。また、職員団体保育園部会も、「父母や地域住民の手をつなぎ、保育条件や子育て環境をより良くするための運動を進めましょう」と方針で述べています（２０１３年度運動方針）。

また、３・11東日本大震災による福島原発事故で、東京にも広がった放射能汚染から子どもたちを守る母親たちの取り組みが進められ、毎月、学校の放射能の線量調査活動や、給食の放射能の線量調査などに取り組んでいます。

おわりに――一人ひとりの子どもたちが大切にされる保育園をめざして――

２０１３年４月現在、品川区には公立43園、分園２ヵ所、公設民営１園、私立認可園24園、認証保育園20園あり、４４００人の子どもたちが保育園で生活しています。認可保育園への入所希望者は、年々増え続けており、２０１３年４月、認可保育園に入れない人数は、６８５人（２０１３年４月26日付『東京新聞』）にのぼっています。２０１２年４月、子どもが入所できなかった杉並のお母さんたちから始まった行政に対する不服申し立て、要望書提出の取り組みが広がり、品川区でも、認可保育園増設の請願が区議会に提出されました。品川区も保育園の増設には積極的になっていますが、株式会社の参入が多く、認可園でもビルの一室で、園庭もなく、開園するケースが増えています。大田区や目黒区で公立保育園の民間委託が行なわれている中、品川区では公立保育園を存続させていることは、評価したいと考えています。

現行の児童福祉法24条にもとづく「保育の公的責任」は、国民・子どもの権利として、保育を求めるすべての子どもに平等に保障するものです。私たちは、保育園の歴史を学びながら、21世紀にふさわしい保育とは、保育園とはどうあるべきか、そして、社会の中で保育園に求められていることは何か、考えてきました。子ども・子育て支援法は、保育者や保護者、国民の願いに沿ったものとはいえません。保育の質を高め、子どもたちの発達する権利をしっかりと保障していくには、品川の豊かな保育運動の歴史を力にして、保育者、保護者、地域住民が連携しあって新しい保育運動を作り上げていくことが求められています。

（土田英夫・元品川区父母の会会長／櫻井恵子・元品川区議会議員）

第6章　［座談会］品川の保育づくりの歴史を振り返る

出席者――植田潤子（元区立保育園保育士）／大沢恵子（元区保育園保育士）／木村隆（区立保育園父母）／水田陽子（区立保育園保育士）／村田敬子（区立保育園保育士）

司　会――山岡スミ子（元区立保育園保育士）

山岡（司会）　いま品川の保育は大きく変えられつつあります。その中で、私たちが作ろうとしてきた本当の保育が見えなくなり、保育士も多忙に追われ、日々の課題をこなすことで精一杯という状況があります。行政からカリキュラムが降ろされてきて、保育士が子どもの実態に即して保育を創造していくことがとても困難になってきています。

　以前と何が違ってきているのか、豊かな保育とはどのようなものか、なぜ保育士と親の共同が必要なのかなどについて、長く品川で保育に取り組んでこられた皆さんに、話し合っていただきたいと思います。

新しい保育を作り出す熱意と自由の中で

植田　40年前は、保育園が品川にいっぱいできてきた時代で、まだ各園ごとの保育方針ができていなくて、新卒で採用されて、自分たちで方針を作ってきた時代でした。

　私がいたところは、親や職員がいっしょに子育てをやっていこうという人が多かった。たとえば朗読に肉声ではなくテープレコーダーを使うと、それはどうかと親が率直に疑問を出してくることがありました。いわれた職員も親の意見を持ちかえって職員会議で話し合うことができていました。

決められた課題に追われるようになって

司会　職員の異動がないのが良かった。同じメンバーで保育園をどうするかいつも話していて、行事や毎月の保育、クラスの現状認識や課題を共有するためにしょっちゅう、夜にも話し合いをしていました。

　保育の中身も、担当した保育士の個性を出して、子どもに体験させることをどんどん新しく作り、それがあたり前として認められていました。「お泊り保育」や、遠足は電車など使ってここまで行こうとか。保育士の「このように保育したい」という思いが受けとめられていました。そしてそれを実現するために協力しあい、それを保護者が支えてくれる関係がありました。

　でも、今は「お泊まり保育」もない、散歩も自由に行けない。園内での課題が多くて外に行けないこともあり、幼児組でも1週間に一度も散歩に行かないことがあると聞きます。遠足も遠くに行けない。だから子どもたちに大胆さがなかなか身につかない。子どもの力をもっと信じたらいいと思うのだけれども、計画を立ててもなかなか認められないし、方針に合わないといわれ、現場はとてもむずかしくなってきています。

植田　ちょっと転んでもケガ報告を出さないといけません。前は大きいケガでなければ必要はなかった。20メートルもある大きな滑り台で遊ばせたり、木登りをさせることが今はできなくなりました。前は子どもたちもいろんなあそびの中で身のこなし方を覚え、ケガを心配しなくて遊べたんですが。

村田　今は体育の専門の先生が来て、カリキュラムで身のこなしを教えるという風になっています。まるで学校の授業のようです。狭い庭や遊具のない保育園だと走り回るだけになる。自然の中で遊ぶことで培われるものがあるはずです。それこそが保育園の課題ではないでしょうか。あそびは、時間と場所を保障すれば、子どもの中から作られ広がります。そのことは子どもたちが本当に満足している証だと思うのです。

あそびのなかで学ぶ子どもたち

司会　あそびは保育園の活動の中心でした。どうやって遊ばせようかと考える前に保育士もいっしょに遊べました。あそびを発展させる力を子どもが身につけて、高度なルールを作っていくこともありました。

大沢　楽しめば楽しむほど子どもは満足する。そうすると次が予測でき、期待して準備したり、話もきちんと聞き、落ち着いた生活になります。今は与えられた保育カリキュラムを課題として子どもがこなす感じで、子ども自身が考えるのは時間がかかるので、促成栽培的に課題に取り組ませることになってしまいます。細切れな時間の中で、違ったいくつもの高度な課題に取り組むことが求められています。子どもたちが満足しているのか、おおいに疑問です。

水田　今の保育には物語性が弱まっているといわれていることの意味が、今の話をきくとわかる気がします。毎日を物語を生きるようにわくわくして生きる、その物語を日々の生活のなかで編んでいくようなしかたでいろいろな取り組みが位置づいていく必要があるということですね。

村田　みんなで遊んだあとは「また今度やろうね」と子どもが楽しい思いをいっぱい体に刻み込んでいて、それが子どもの明日への意欲にもなっていきます。

司会　今は、子どもが満足しているかはどうか考えるひまもなく、当面のプログラムをこなさなければいけない。そのなかで、子どもの思いが置き去りにされているように思います。

大沢　満足と充実感が意欲につながります。赤ちゃんは大人に大事にされて情緒的に満足して、生理的にも満たされる。満足できないと不快感だけが大きくなるからぐずり、次の世界に目が向かない。赤ちゃんの保育では満足すること、情緒的安定をいちばん大事にしなければなりません。

次に自我の芽生え、そこで自分の要求が出てくる。そうすると行動世界が広くなるから、それを満足させるという課題があります。もっと大きくなると、子ども同士のぶつかりあいが起こり、そこでお互いの意見を認めあうようになり、仲間意識も芽生える。それら多くはあそびの中で培われるものです。そういう成長の場を今の保育は失ないつつあるように思うのです。

司会　孤立した子育てや少子化で、そういう子ども同士のぶつかりあいが不足し、保育園の役割がとても大事になっているはずですが、そういう質が保育のなかで不足して来ているのではないでしょうか。そのことが小学生になってからの生活や友だち関係をも左右するのだと思います。

保育士と親の共同のなかで

司会　私のいた保育園では、運営要項を作りました。①子どもたちが生き生きと活動し、友だちと成長できる、②子どもと父母、職員がともに育つ、③職員が生き生きと働き続けられる、④地域に開かれた保育園にする。この四つの目標を掲げました。そして職員会議で具体的なカリキュラムや指導方針を決めるため、話し合いました。

植田　そういう保育実践は、職員が10年単位でいないと、積み重ねができません。短期間の異動がはじまると維持できなくなる。父母と職員が対等な関係を作ってきたし、親に自分の子どもだけでなく他の子も見て、自分の子育てを客観的に見てほしいといって、日誌やカリキュラムを公開したり懇談会を開いたりもしました。そういうなかで、父母も保育園を評価し、それが励みになってきました。

木村　親も一緒に成長させてもらった保育園という印象が強い。親がわからないところやしつけも当時の先生たちは教えてくれた。保育士にも、肝心なときは親も含めてピシっと言い、子育てを通して親を成長させられる力を持っている人もいました。親も悩むなかで、保育士に支えられたりすることもありました。

大沢　父母会も作られていて、行事にも協力してくれました。親と話す機会が多く、子どもをみる助けになりました。そういうなかで、若い保育者も育てられたのではないでしょうか。そしてそういう信頼の上で、保育も自由に大胆にできました。でも今は、サービスだからケガをさせないようにという構えで、とても気を使っています。

木村　「共育て」は、父母会と職員のあいだに対等のやり取りをする話し合いの場を持てることで実現できるものです。親は忙しくて、問題をお互いに話せるような父母会の存在があってこそ組織的に共育てができます。親は他の親に会うことを楽しみにし、仕事が終わって保育園に行くとほっとする。保護者会でも一人ひとりの子どもについて話せました。

品川の保育の蓄積

司会　品川の保育は、全国の先進として、新しい保育内容に挑戦してきましたね。

大沢　１９７２年、保育園の労働組合が「運動の基調」を作って、地域に根ざした保育園を作り出すことを目標にし、保護者と自分たちの要求を統一してとらえること、加えて子どもの発達を保障することを柱として職場に浸透させたことが大きかった。子どもの延長保育・産休明け保育要求も高まってきていました。そういう要求を保育士の側がきちんと位置づけることで、保育園を発展させる大きな要因になりました。

その頃、国基準の完全給食運動がありました。最初は非常勤職員が配置されました。わたしたちは給食をよりよくするために正規の職員を配置する運動を行ないました。栄養士や調理師を正規職員にしたことで、品川の給食は改善されていきました。コーラや菓子などの添加物問題も取り上げ、「食育」も取り入れていきました。健康の教育も障害児保育もしてきました。障害をもった子どもの発達を保障するだけではなく、その子がいることで集団の質が高まることも目標に、研究を積み重ねて追求していきました。

植田　障害児保育は専門の学生（発達心理学）が相談活動をしたことで、保育の質が向上しました。発達を細かく見ていろいろな子どもがいることも学べ、職員も障害児保育できたえられました。

木村　当時は品川区も現場の要請に応えようと努力し、保育園や父母会の要請も受けとめてくれた。しかし、92年頃から区の方針が変わり、人員削減があり、保育園の運営方針も大きく変わっていきました。

司会　この時代の品川区は、住民の考えを聞く姿勢がありました。三者懇談会が作られ、父母の会、労働組合、保育課が話し合う場がありました。父母が直接自治体に要求することもありました。品川区で積み上げた保育の経験は、消えてはいません。政治が変われば回復することができます。

大沢　でも、政治が変われば職員の意識がすぐ変わるかというとそうでない面もあります。むずかしいところです。今、保育士が共通した思いをもつために話し合うことができていないという困難があります。

植田　行政の後退があったにしても、あるべき子育ての中身は変わらないはずです。現役の親を含めて要求を出し、活動していくしかないと思います。保育士だけでなく親も含めて話し合って作っていくことが求められています。これまでの保育の原型を作るのに15年くらいはかかってきました。いま、改めて、願いを言葉にしていかないと、伝わらないと思います。

新たな取り組みに向けて

司会　少子化でも保育園に通う子どもは決して減っていません。共働きしないと生活できない人、子どもの集団生活の場が必要と考える人はどんどん増えています。どんな保育を提供するか模索する中で、成長と発達を保障する保育の姿や方法を若い人たちに伝えていくことが大事です。保育士をほとんど採用しない時期があり、30代、40代の保育士が抜けています。そのため今20代が半数以上になる園が多数あり、世代間のギャップを埋めることも必要です。

村田　品川区の独自の「ジョイント期カリキュラム」が提起されています。しかし最も重要なことは、園や保育士の自主性・創造性を保障することです。保育は子どもといっしょに作りあげるものなのに、細かいことまで決められては、保育士の創造性がつぶされてしまい、こうしたいという自主的な工夫もできなくなってしまいます。それでは保育の本当の創造性や喜びが奪われ、目的も達成されません。上から命令で指示してもいい保育は生まれません。

水田　でも若い人たちは、保育を学ぼうとする気持ちはすごい。今の若い人は子どもに接するのはとても上手です。教材研究も熱心だし、自信をもってやれば成長できるのですが、むりなカリキュラムや評価で自信をなくすことが多くなっています。

大沢　若い人と学習会をしていて、子どもたちと接して楽しかった場面を報告し合っています。困ったことがあっても先輩に話せて楽になることがあり、また改めて考えるきっかけにもなります。それぞれの園で、そういう場があるといいですね。

木村　ヨーロッパでは子どもは社会の宝と考えられています。日本では子どもは、個人が私的な自己責任で育てるものという考えが強まり、社会で育てる考えが少ない。

大沢　しかし、まだ日本は保育内容で外国と比べても進んでいるところがあり、公的な保育制度があることも優れています。

司会　今日はどうもありがとうございました。品川の保育運動と保育づくりの豊かな蓄積をあらためて多くの保育士さんや父母の皆さんに知っていただきたいと思いました。保育の水準を切り下げる政策が出されていますが、それと対決していくためにも、今までの蓄積をふり返り、もういちどこんな保育こそ作り出したいという願いを交流していくことが大切だと思いました。

第三部　品川の学童保育

第7章　品川の学童保育の現状と課題

1　品川の学童保育の変遷

充実していた品川の学童保育

品川の学童保育の誕生は１９６５年です。当時の学童保育指導員は12時から17時までの非常勤職員でした。１９７２年、美濃部都政下で指導員の正規職員化が実現されるまで、全都の学童保育指導員は午後半日勤務の非常勤職員として配置されていたのです。

それから２年後の１９７４年に、品川区学童保育連絡協議会が結成されました。時は『日本の学童ほいく』誌（全国学童保育連絡協議会編）が創刊された年でした。当時の品川の学童保育定員は８４０名、指導員は56名という規模でした。翌１９７５年には品川区学童保育をすすめる会（通称・三者懇）を発足させ、行政当局と職員組合・学童保育連絡協議会の保護者代表が学童保育の充実のために定期的会合を持ち、保護者の声を受け止める姿勢を持って事業運営がなされていたのです。１９８０年代には全国に先駆け、学童保育の質の向上をめざして「品川区学童保育クラブ指導要領」（１９８６年）が作成され、指導員と保護者の繋がりも盤石でした。

１７００名が通う42学童保育クラブ全てに父母会が存在し、その全てが品川区学童保育連絡協議会に結集し、指導員と保護者が手つなぎでさまざまな行事や改善運動に取り組んでいました。キャンプや合同運動会、父母会と協働した行事も指導員の仕事として認められ、通信を週1回発行することも手作りおやつも当たり前のようにできていた時代でした。

変質していった90年代――学童保育廃止への禍根の歴史

こうした状況に暗雲が立ち始めたのは1994年。区議会に行財政改革特別委員会が設置され、この委員会で保育園の父母会活動に規制をかける論議が始まった頃からです。95年には学童保育施設内で父母会ニュースを配ることも禁止され、翌96年には学童保育施設で父母会を開くことも禁止されていきました。まさに職員や住民の声を聞かないトップダウン行政への転換でした。当時6万筆の署名とともに区議会に提出した「学童保育の充実を求める請願」も、十分な審議もされないまま不採択になりました。

そして1997年に、行財政改革特別委員会において「児童館と学童保育の一体的運営」が提示され、翌98年に、学童保育クラブ指導要領を一方的に廃止し、一体的運営を強行していったのです。これに伴って、学童保育担当指導員の削減が進められ、この先5年間に保育園や福祉分野へ異動させるという手法で、180人のうち80人が削減されていったのです。

指導員削減に伴い、指導員の仕事内容にも多くの規制がかけられました。連絡帳は1年生のみとされ、通信の発行も制限され、学童保育独自のキャンプや合同運動会、父母会との共催行事はことごとく禁止されていきました。そのうえで、児童館併設の学童保育では、児童館に遊びにくる児童と区別することなく運営するように言われ、「違いはおやつの有無と、出欠席の確認ぐらい」と言われるまでに様変わりを余儀なくされたのです。指導員や父母の声に耳を傾けない行政と、いくら署名を集めても不採択にする区議会に、厚い壁を感じていた頃、小学校施設を使用した全児童対策事業「すまいるスクール」の第一校目が立ち上がるのです。

　１９６５年から40年近くにわたって公設公営で続けてきた学童保育を廃止する方針を打ち出したのは２００３年6月30日でした。２００４年4月より、「すまいるスクール」のある学校に在籍する子どもたちは「すまいるスクール」を利用するしか選択肢がない状態がつくられ、既存の学童保育クラブは順次閉鎖されていったのです。

2　子どもとのかかわりを困難にした「すまいるスクール」事業

　品川区では、「すまいるスクール」導入前、「分け隔てをしないシステムづくり」ということが強調されました。「小学生に変わりはない。留守家庭児童もそうでない児童も一緒に遊び、交流することの方がいいではないか。留守家庭児童だけを集めて保育する時代は終わった」というものでした。

　品川区の場合、財政効率の視点から指導員を削減するために児童館との一体的運営を打ち出したことが「すまいるスクール」導入の序章だったのです。そもそも目的も役割も違う「体験・活動・交流・遊び場提供型」の事業と学童保育事業を一体化するとなると、「分け隔てしない」ためのさまざまな規制が学童保育事業に加えられたのです。そして学童保育機能を徹底的に薄めた上で導入されたのが全児童対象の「すまいるスクール」なのです。

　２０００年代に入ってから都23区全域に拡がった全児童対策事業ですが、多くの区では学童保育登録と一般登録の二つに分けて、両事業併設型で運営されています。ちなみに学童保育は児童福祉法6条の3に位置付けられた「放課後児童健全育成事業」とはいえ、保育園のように7条「児童福祉施設」に位置付けられていないために、最低基準もなく、多様なスタイルの運営を生み出した背景になっているのです。

とはいえ、品川区のように既存の学童保育事業を廃止し、その機能を全児童対策事業と一体化したところは全国的にも数少なく、品川区は「一体化」のモデル区のようにつねに引き合いに出される自治体名になっています。２００６年厚生労働省と文部科学省から発表された「放課後子どもプラン」で、小学校内で学童保育と「全児童を対象とした放課後子ども教室事業」の二つを「一体的あるいは連携して」推進しなさいと通知が出されて以降も、「一体化」した地域は全国で６００校区にも及びませんでした。「放課後子ども教室事業」も伸び悩み、全国の小学校区の半数にも届かなかった結果、現在では「一体化」を押しだすことは辞め、「連携」を言うにとどまっているのです。かつて全国から「めざせ品川」と言われた品川区でしたが、「すまいるスクール」を視察に訪れる自治体関係者は多いものの、さすがに学童保育を廃止する自治体はほとんどありません。

「一体化した事業」として運営する品川区の「すまいるスクール」とは、どのような実態を示すことになったのでしょうか。

その実態は、「学童保育専任の指導員も専用の部屋もない」、「夏休み以外おやつもない」、「生活の伝えあいもない」など、とうてい学童保育機能を内包した事業とは言えないものでした。

多数の留守家庭児童をコアにしているにもかかわらず、「様々な教室や遊び場参加型」の児童と分け隔てしない事業は概ね以下のような状況を示すことになるのです。

「すまいるスクール」の実態は

①参加登録は全校児童数の70％を超えていたが、日々の参加児童数は登録数の30％～40％であった（全校平均値）[*]。２０１３年５月時点でもこの数値はほぼ変わっていない。

＊全校児童が４００人規模以上の学校では日々の参加数が１００人を超えてくる。

②だから大規模校では、雨天の日に体育館が使えないと大変な賑わいになる。

③そもそも全児童対象ゆえに「生活にふさわしい適正規模（定員）」という考え方がない。

④「生活」の側面より、様々な文化・スポーツ等の教室や勉強会など教育的側面が強調された。

⑤参加児童の7～8割は低学年の留守家庭児童であるが、学童保育機能は、出欠席の確認と6時まで利用できるということぐらいである。夏休みに限り補食を持参することはできるが、「すまいるスクール」にはおやつもない。

⑥下校が遅く、委員会活動等も多い5、6年生はひと桁しか来ないところが多い（高学年は児童館をスキマの時間利用に来ているようだ）。

⑦参加児童は日替わりとなるため、学童クラブのように毎日同じ顔ぶれという固定した集団にはならない。それだけに「帰属意識」は薄い。だから、留守家庭児童であっても、3年生になると徐々に来なくなる傾向があった。

⑧「自主的・自発的参加の事業だから、来ないこともその子の意思」として、指導員は「去る者を追わず」の姿勢になっている。

⑨校庭や体育館といったゾーンごとの安全管理を徹底するために多数の非常勤が導入された。「大人が誰もいないゾーンはつくらない」を原則とし、安全管理人のごとく子どもたちの見守りが強調された。

⑩安全管理のため、近隣の公園で遊ぶことも禁じられ、子どもたちは学校の中だけに囲い込まれる結果となった。

⑪非常勤指導員はローテーションで週3～5日勤務。よって、全員が一堂に集まる日は一日もなく、全員そろったミーティングができない。

⑫「見る指導員側」も「見られる子ども側」も日々顔ぶれが変わり、全体が固定しない事業となっており、

子どもの変化に気づきにくい。

⑬業務が派遣業者やＮＰＯ等に委託されており、非常勤の継続性は担保されていない。

⑭学童保育機能を統合したとはいえ、結果として、一人ひとりをていねいに理解し、受け止め、成長を育むという姿勢が持てない事業になってしまっている。自主的な集団づくりという視点もない。

⑮参加人数が多いこともあり「子どもの様子を保護者に伝える」*ことを仕事に位置付けていない。

*子どもの様子を伝える通信を発行しているところは数ヵ所に留まっている。連絡帳代わりとして参加カードにその子の様子を書き込んでいたのは筆者のところだけだった。

⑯保護者に子どもの様子を伝えない事業では、保護者も安全に遊べていれば「満足」して、「預け」感覚ないしは「安全な遊び場」の利用感覚になっている。だから、保護者会を年に二、三回やっても参加者はきわめて少ない。保護者に対し、指導員の思いや、子どもたちの様子を伝えることは、信頼関係を築いていく上で基本中の基本。これを怠っては「相談援助」もできない。

⑰ＰＴＡとの共催行事を取り組んでいないところでは、かつての学童クラブのような保護者同士の交流もないまま1年、２年が過ぎていく。指導員と保護者の関係が「顔の見えない関係」になってしまう。

以上が「分け隔てのない一体化事業」の実態です。「分け隔てをしない」ために、学童保育機能が最低限まで落としこまれた結果でした。これでは、学童保育の役割が果たせないばかりか、子どものことを共に考え、共に向き合うという大人のネットワークを育むことにつながっていきません。参加者の大半が留守家庭児童とあれば、こうした事業においても、援助を必要とする子どもが受け止められ、毎日の居場所となるよう、配慮と働きかけのできる常勤専任の指導員が複数必要です。安全管理の目線だけではやがて子どもは来なくなることを、現実が証明しているのですから。この事業の最大の問題点は、参加児童の大半が、学童保育があれば学童保育に在籍するだろう子どもたちであるにもかかわらず、そこに配属された指導員スタッフに、次の項で述べる学童保育指導員としての仕事・役割が位置付けられていないことなのです。

3　子どもの権利擁護と生き生きした生活を保障するために果たすべきこと

子どもの権利擁護のためには、子どもの安全確保とともに安心して年齢に見合った生活を楽しめる環境・人間関係の保障が不可欠です。そのためには、保護者に対してもゆとりを持って養育できる環境を築いていけるように保護者自身が力を発揮できる支援も必要です。

全児童を対象とした遊び場提供事業では、配置する指導員を、非常勤のローテーションで安全管理人程度にしか位置付けていないところが多く、子どもの変化に対応することすらむずかしい体制と言わざるを得ません。

では、毎日の放課後生活を継続的に保障する学童保育指導員はどうでしょうか。学童保育の特性と、指導員がどういう視座で子どもや保護者と向き合っているか、ここで触れておきたいと思います。

安心して居られる人間関係をつむぐこと

特性のひとつは、保護者が働いているため、家に帰っても保護者がいない子どもたちを対象とした事業だということです。塾や習い事と違って、やりたいことや興味関心の違う子どもたちが異年齢集団で生活しているところです。保護者の願いと選択で入所した子どもたちが、入所後は自分の意思で通わなくてはいけません。時には家に帰りたいと思う日もあるでしょう。しかし、来なければ来ないでいいと済まされる事業ではないのです。行きたい時に行って、帰りたくなればいつでも帰れる遊び場と違うところです。

だからこそ、指導員には、保護者と連絡をとりながら、子どもたちが嫌がることなく毎日「（学童保育に）行きたい」と思えるように一人ひとりへの配慮と働きかけが求められるのです。入所してくる子どもの中には、以前の保育園からたった一人という子も居ます。不安で小さな胸が張り裂けそうな入所当初は言うまでもありません。夕方5時6時7時まで安心して居られる生活環境（楽しいと共感しあえる子ども同士の人間関係が最大の環境）を子どもたちと創っていくことが要の仕事になるのです。

そのためにも、一人ひとりをわかろうとすることがスタートになります。その上で、毎日行きたくなるような生活の目当て（やりたい遊びと仲間）と帰属意識、自己有用感が持てる子ども同士の関係をつむいでいくということです。

学童保育は、子どもたちに一律の課題を与えて、それに向かわせるという生活スタイルではありません。指導員が敷いたレールに乗せていくというのではなく、一人ひとりの違い、その多様性・個別性を考慮し、さまざまなあそび・活動を創りだしながら「その子その子のやる気」を引き出すことに心傾けるというスタイルです。あそびを通して人とかかわる力を育み、人に認められ受け入れられているという実感が子どもたちの自己肯定感につながるのです。そして「明日もやろうね」と言えるような充実感がバランスのとれた成長には欠かせないのです。

その子の変化（体調や人間関係）に気づき、適切にかかわることも求められますから、指導員のコンピテンシー（力量）として、子ども同士の関係性を見たてる（アセスメント）力や、問題状況、子どもの内面をキャッチできる感性が問われます。一方で、連絡もなく休んだりする子には心寄せながら働きかけることも欠かせません。保護者は、子どもが楽しんで通えていてこそ安心して仕事ができるのですから。「来るも来ないもその子の意思」として済まされていく全児童対策事業と違うところです。

子どもたちの心の拠りどころ

特性の二つ目は、在籍の多くが低学年で、大人に依存しながら、行きつ戻りつしながら自立に向け成長していく過程にある子どもたちだということです。中には保護者の労働実態や家族構成から、ゆとりある親子関係を持てないまま生活している子どもたちや「障がい」のある子どもたちもいます。

だからこそ、指導員には、一人ひとりの子どもの言動をエコロジカルな視点で理解し、「困っている状況」には援助の手をさしのべることが求められるのです。これからの生活の中でさまざまな力を身につけていく年齢だけに、生活の援助や遊びのサポートが成長発達を促すことにつながります。

子どもは、いつも声をかけてくれて、思いを聴いてくれる、「つらさ」にも気づいてくれる指導員、自分の親のことも知っている指導員を心の拠り所にします。そのためにも信頼関係が築ける指導員の継続性と子ども集団の生活するにふさわしい規模は必要条件なのです。

生活の伝えあいを通して共育てのパートナーに

特性の三つ目は、放課後及び学校休業期間における子どもたちの福祉（ウェルビーイング）を保障することで、働きながら子育てする家庭を支える事業だということです。

だからこそ、保護者に対しては、働きながらの子育てを共感的に理解し、保護者が子育てについての悩みや思いを出せるよう、「共育て」のパートナーと思ってもらえる信頼関係づくりに努めているのです。保護者が「ここなら安心して我が子を託せる」と信頼を寄せるようになるのは、指導員が子どもたちと向き合ってくれている、そのまなざしや姿勢が伝わってくるところからはじまります。

指導員は子どもたちの生活と指導員のかかわりをいろいろな機会（保護者会・個人面談・家庭訪問・立ち話・電話・通信等々）を通して伝えていますが、その子の家族関係を理解するためにも双方向の伝えあいを大事にしています。その上で、「孤立の子育て」にならないように、子どものかかわりあって育ち合う姿を見る機会や保護者が触れ合う機会（行事）を創って、保護者同士をつなぐようにしているのです。このつながりは、日ごろの子育てについて、気軽に立ち話やメール交換ができる関係を生活圏の中に創出してきました。休日などには一緒に行楽に出かけたり、子どもを預け・預かるつながりにもなっていました。いわば孤立の子育てを防ぐインフォーマルなソーシャル・キャピタル（支え合う関係）になっていたのです。そうした関係の中で保護者は我が子の仲間関係を知り、家では見られない面を見ることができていたし、子どもを理解する機会にもなっていたのです。そればかりではありません。保護者と指導員の協力協働の関係性は、ソーシャルサポート・ネットワーク（身近な人間関係における個人や集団の連携による支援体制）として機能し、学童保育の充実に向けた社会的アプローチも重ねてきました。増設をはじめとして、障がい児の６年生までの学年延長や、朝・夕の保育時間の延長など、行政に働きかけてきた歴史があるのです。

　放課後及び学校休業期間の生活保障と学童期の子育ち・子育て支援に携わる指導員は、ケアワークにとどまらず、相談援助をはじめソーシャルワークの役割も努めていると言えます。

4　さいごに――学童保育の視座がないと子どもたちは救われない――

「放課後対策は留守家庭児童だけの問題ではない」「安全安心な居場所づくり推進」を掲げ、放課後の学校を自主的自発的な遊び場として提供するとともに、様々な体験交流教室を開催する「全児童対象の放課後事業」は都内各地で展開されています。

　たしかに、児童館も含め、放課後の利用場所・選択肢が増えたことはいいのですが、あくまでもそれらは「行きたい時に行く遊び場・活動の場」であり、「毎日５時６時７時まで居る生活の場」「一人ひとりの気持ちを受け止め、保護者と連絡を取り合いながら継続した生活を保障する場」ではありません。だから「全児童対象の放課後事業」を実施している自治体でも、その多くは、同じ学校施設内に学童保育事業を併存させているのです。

　ただ、このふたつの事業をめぐっては懸念がなかなか払拭されません。２０１２年8月に可決された「子ども子育て支援法」でも、学童保育を「地域子ども子育て支援事業」のひとつとして位置付け、「児童福祉施設」としての位置付けはされませんでした。児童福祉法改定で学童保育の対象児童が6年生までの「小学生」と謳われたことも、希望する高学年が対象化されたことは良かったものの、地域によっては学童保育を全児童対策事業としてすすめる動きに拍車がかかることが懸念されます（文科省も放課後子ども教室の拡充と、学童保育とのさらなる連携を唱えています）。

　品川区のように、住んでいる地域によって学童保育が利用できないなど、「不利な状況」に置かれる構図は回避しなければいけません。一人親家庭の増大のみならず、「発達しょうがい」の子どもが増えている状況や、子どもの貧困が取りざたされる状況下では、これまで以上に子どもの成育歴や家族関係をも把握した上で、ていねいなかかわりと家族支援の視座を持つ学童保育が必要です。今の「すまいるスクール」の運営スタイルでは、保育料もかからず、利用しやすいという面があるにせよ、一人ひとりの子どもに寄り添い、その子の置かれた状況に援助の手を差し出すことは、指導員が学童保育の視座を持ち、目配り気配りを徹底しない限りとても困難です。

　もちろん、経済的困難から学童保育に入所手続きすらできない家庭が出ないよう、保育料の減免と、「必要な子どもに必要な援助ができてこそ、すべての子どもの生活保障になるのだ」と提言・代弁（アドボカシー）していくことが求められていると思います。

（下浦忠治・元品川区学童保育指導員・日本社会事業大学専門職大学院講師）

第四部　「子ども・子育て支援新制度」批判と品川の保育

第8章　蓄積されてきた「保育」の価値を切り捨てる幼保一体化

――品川の保育改革の問題点――

この間の保育改革の最も大きな課題は、待機児をなくする取り組みです。その問題点については第３章を中心に検討してきました。加えて品川区では乱暴な「幼保一体化」が進行しています。あわせて品川の保育改革の大きな柱となっている「保幼小一貫教育」が進められる中で、今まで蓄積されてきた保育の価値や方法が捨て去られようとしている状況が生まれています。

1　保育の価値が否定されていく論理

どうしてそういう事態が生まれたのでしょうか。それは第一に、「待機児解消」を理由に、一挙に保育の質を低下させるような措置が拡大していることです。従来の設備条件を改善することなく定員の拡大、さらに定員を無視したそれ以上の詰め込み（品川全体で、無理を押して拡大された定員４１０８人に対して、４月時点でさらに３３０人上回る４４３７人が在籍――図表3―4参照）が、進められています。

第二に、幼児教育の改革だとして、強引な「保幼小一貫教育」を進めようとしていることです。品川の保幼小一貫教育の目的は、「小一プロブレム」の克服のためと説明され、できるだけ早く小学校教育に子どもを慣れさせることが必要だとして、小学校で行なわれているような「授業型」の教育を４、５歳児にも適用、経験させることが大切なのだという風になってきています。そのことを象徴的に表わすのは、この間品川の保育現場に上から持ち込まれている「聞く・待つ・座る」のしつけ教育です。そしてできるだけ小学校の教育と異なる保育の習慣（裸足保育やお昼寝など）を、「悪しき習慣」としてやめることが必要だという上からの指導も行なわれるようになってきています。

第三に、これらの結果、幼児「教育」（幼稚園型教育）こそ幼保一体化した幼児教育・保育の中核に置かれるべきだとして、その幼児教育（午前9時から午後2時まで）以外の時間の保育（午前9時までと午後2時以降）は、一貫した保育プログラムの適用されない断片的な保育でカバーするというような、まるでモザイクのような「幼・保」接合の幼児教育が出現しているのです。そしてそこでは小学校の準備教育としての幼児教育こそ中心で、保育の一貫性とか、保育が幼児教育にとって本質的な価値を持つものだとかいう主張は、もはや通用しないような状況が生まれているのです。

第四に、品川区の保育園に導入された「専門」の教育（「音楽」「造形」「体育」）は、そういう小学校準備教育という視点から、技術や技能を教える授業型プログラムとして位置づけられており、一貫した保育のプログラムを分断し、子どもの生活と切り離された形で持ち込まれたことです。

加えて第五に、待機児対策として細切れ型の保育が増やされる中で、その細切れ型保育時間を担当する保育士が、パートや非正規雇用という細切れ型雇用で埋め合わされてきています。そのため、非常勤、パートタイムの保育士の割合が増え、保育士が時間の途中で交代し、そのことが一日の一貫した保育プログラムの実施をさらに困難にするという問題も重なっているのです。

以上のようなことが重なって、いままで蓄積されてきた品川の豊かな保育の方法やプログラムが、一挙に失われていくような事態が生じているのです。

2　進む発達課題の「要素化」と保育の価値の切り捨て

幼児教育は、保育であれ、幼稚園教育であれ、その幼児の生活に「物語」――冒険や熱中やどきどきするような期待などを持った「物語」――があって、その「物語」を子どもが生きるということで、日々の生活を意識化し、主体的に生きていけるということが一番大切です。

特に保育の場合、長時間にわたる幼児の生活の全体をケアするものですから、朝から夕方までの一日の生活をどうプログラムするのかが大変重要です。ところがいま進行していることは、小学校で「何々」ができるためには保育園では「何々」ができるようにしておかなければならないという形で、発達の課題を「要素」で捉え、こんな要素的な力がついていれば小学校に上がれるとして、それを獲得させることが保育の中心的課題とされ、そういう課題が行政から降ろされてくる事態が品川で進んでいるのです。その具体的な現れの一つが、小学校で授業にちゃんと参加できる力をつけることが幼児教育の課題だから、イスに「座って」、ちゃんと「待って」、黙って先生の話をキチンと「聞く」ことができることができる力を獲得させること――「聞く」「待つ」「座る」の教育――が保育の達成目標として提示されていることです。

そうなると、小学校に近い授業形式を組み込んだ教育方法や知的な要素を直接「教える」幼稚園教育の方が、小学校入学準備としては価値が高いのだとなってしまうのです。「教育」が中心となる幼稚園の方が、「保育」を行う保育園よりも価値があるから、保育所に通う4歳、5歳児にも幼稚園教育（「幼児教育」）を受けさせた方がよいのだともなって、保育園児も9時から午後2時までは近くの、あるいは同一施設内の幼稚園に通って、幼稚園教育を受けさせるなどというプログラムも広められつつあるのです。

そういうことも重なって、「要素化」という視点が広まり、幼児の生活の全体を組織し展開させることで発達を促す「保育」という独自の価値が否定されていくという事態が広く進みつつあるように思われます。その結果、保育の個々のプログラムもまた「要素化」に対応して「モザイク化」していくことにもなります。次はこんな力を獲得させるための時間ですというようになり、まるで小学校の授業時間のように、課題にしたがって時間が区切られるようになっていくのです。

保育園で、要素化された課題をこなせばよいということで、流れをもった一つの物語を子どもが生きるとか、1日、あるいは1週間、1ヵ月、1年を統一的な意味ある物語として、一生懸命わくわくして生きるというような生活が構想、計画できなくなります。そんな物語を生きるよりも、求められる要素化された「力」を獲得すれば小学校へ入る準備ができるのだとなっていくのです。それは結局、保育の取り組みの中で蓄積されてきた、生活を豊かに創り出すことで子どもを発達させるという独自のプログラム、方法、保育が持っている独自の価値が捨てられていくことにつながっていくのではないでしょうか。

さらに「要素化」された「課題」の達成が、数値で、こんなに成果が上がっていますと宣伝され、それに遅れているところは、もっとがんばらなければと「目標管理」される仕組みが広まりつつあります。園長さんたちは、その「評価」を上げるために、必死に、「成果」を挙げようとがんばらなければならない体制が整備されていくのです。そうすると、たとえば、品川では幼児教育でこんな取り組みができたというような「例」が蓄積され、それがだんだん目標基準となり、どんどん保育現場に対するプレッシャーとなっていきます。保幼小一貫教育の成果として小学校と交流をやっている回数が何回増えたかが数値で示され、新しい保育はうまくいっている証拠として掲げられるようになっていきます。そしてその数字が、品川の保育改革はこんなに成功していますよという「証拠」として示され、全国的な「保育改革」のモデルとして宣伝されていくことにもなります。

3　保育のプログラムの本質

積み上げられてきた保育の経験からいえることは、保育のプログラム、カリキュラムは、幼児の発達の全体性を分解して要素化し、その個々の要素を訓練するために知識や課題を与えて教育するというものではないということです。もちろん、部分的には、そういうことも必要に応じて組み込まれているとしても、保育のプログラムの核心は、生活を豊かに生きることによって、豊かな成長と発達を創り出すことにあるのです。

小学校の場合、教科の体系があり、習得すべきカリキュラムが共通に存在しています。「教育」の中心はそこで獲得させる「知識」や「科学」に即して組み立てられています。しかしそうだとしても、小学校教育でも、クラス担任制にもとづき、クラスの生活をいかに豊かなものとするかに大きな工夫がされ、楽しい学級生活を創り出すことに教師は全力で取り組んでいます。そしてその生活づくり、クラスづくりの土台の上に、教科の学習を展開しようと努力しているのです。

しかし保育の場合は、その発達段階からして、子どもの生活を、あそびを中心に組み立て、その生活を全力で生きることを通して、年齢にふさわしい力を獲得させていくものです。ですからカリキュラムは、その子どもたちの生活に密着し、その生活に豊かな文化や関係性を組み込み、その文化や関係性を全力で生きることを組織するプログラムとしてこそ、組み立てられなければなりません。したがって、幼児の生活に寄り添い、幼児の内面の世界のドラマを読み取り、みんなで生きる物語を作り出し、協同の生活の目標をつくり出し、みんなでその世界を実現させていくというプロセスを豊かにつくり出していくことこそが、最も重要になるのです。そういう意味では保育のカリキュラムは、その子どもたちの中から生み出される目的や生活のドラマの発展・展開のシナリオ的性格を持って、保育士と子どもとの協同によってつくり出されていくものなのです。だから、保育のカリキュラムは、それぞれの保育園、それぞれのクラスで個性的につくり出され続ける必要があります。もちろん、保育士は、そういうドラマの展開の中にその子どもたちの年齢的な発達課題をキチンと見据え、幼児の発達を支え引き上げる共通の課題をそのプログラムの中に編み込んでいくのです。そこに保育士の仕事に、幼児の発達についての専門性が求められるひとつの根拠があります。

保育＝成長の過程は、他者との交わりの力、表現力、人間的共感力、遊びの技の習得を通して獲得される身体的諸能力など、豊かな発達を促進する契機を沢山に含んだものです。保育のカリキュラムは、生活の意識的でドラマティックな編成を縦軸として、その横軸に、発達課題を豊かに織り込んでいくものとして編成されるものです。そういうカリキュラムに依拠するからこそ、保育は、ただ安全に預かればよいというものではなく、まさにすべての幼児の発達のために権利として保障されなければならない「教育」の一環でもあるのです。

4　保育と幼稚園「教育」のモザイク的つぎはぎの問題点

ところが品川の保育園でいま進んでいる事態は、「保育」と幼稚園「教育」のモザイク的統合であり、しかも保育はただ「幼稚園教育」外の時間の補助的な預かりとしてだけ位置づけられるという状況です。そこには、幼児の保育が、幼児の生活を豊かに創り出す専門的な指導とそれを助ける文化の提供を含んで、系統的な指導に下で成り立つものであるという視点が欠けているのです。

そこには先にも指摘した幼児の発達観についての「要素主義的」な把握が深く組み入れられているとみなければなりません。それは、人間の発達を全部要素に分解して、算数ができるとか、字が読めるとか、座ることができるとか、そういう「何々」ができるという要素に幼児の発達を分解して、その要素がどれだけ獲得されているかで、小学校の勉強について行けるかどうかというように考えるものです。

その最大の問題点は、その要素の訓練が、子どもにとって、豊かな生活を生きることと切り離されて、自分の値打ちを親や保育士に証明してほめてもらうための「ノルマ」「重荷」となってしまう危険性があることです。そしてそれがどれだけ獲得できたかで、力のある子どもと力のない子どもという評価が子どもに与えられていくことになります。あそびが楽しみで、一生懸命みんなが遊べるようになる中で、みんなが楽しみながら成長していくという保育園生活が、小学校へ入るための「力」を訓練する場となって、そのため「教育」を受けることは「あそびを断念」し、「苦役」に取り組むことになってしまう可能性もあります。精一杯遊ぶ中で育つということをこそ基本にして幼児の発達が組織される必要があるのにもかかわらず、いやな「勉強」に幼児の段階から出会わせられる事態にもなりかねないのです。

その結果、いままでのような、子どもの生活過程の一貫した組織化としての保育が見捨てられつつあるのです。だから幼児の生活に寄り添い、幼児の心のときめきや冒険心などにわくわくしながら、一緒に挑戦していく中で、子どもの成長を味わい、ともに喜びながら保育園生活を作り上げていくという保育の醍醐味が、だんだん味わえなくなってきているのではないでしょうか。

5　幼児、子どもの成長を支える全体的な仕組みを品川に

いま、品川の教育は、区の教育改革によって、大きく組み替えられつつあります。最初に、学校選択制が導入されました。そのため学校格差が急速に拡大していきました。一部の学校に生徒が集まり、別の学校からは生徒数が激減して、地域の学校の火が消えてしまうかもしれない事態が引き起こされています。現在では品川の子どもたちは、私立中学進学も計算に入れると、地元の公立中学に進学する子どもは五割を切って

います。そのため、生徒が分断され、親も分断されてきています。地域の行事に子どもが参加することも急速に減少しています。町会主催のお祭りなども成立しなくなるのではと心配が広がっています。

また品川では全国のモデルとなっているように小中一貫教育を進め、学校統廃合を強引に進め、校舎一体型の小中一貫校を六つもつくり出しました。しかしこれは、中学へ進学するときの「中一ギャップ」を解消するどころか、高校入試に向けて競争体制にシフトしている中学校教育を小学校の5、6年にまで降ろす無謀な実験であり、早い段階から競争にさらされて「小五プロブレム」すら生み出しかねないものです。

そして新たに品川区が重点として進めようとしている教育改革が、「保幼小一貫」教育なのです。そのため、保育園児を小学校にしばしば行かせたり、あるいは、小学校の空き教室を利用して待機児対策の一環として、小学校の校舎の中に年長児の保育場所をつくったりもしています。しかしそのために、保育が分断され（保育の一貫性がたびたびの移動で困難になる）、保育園児が分断され（年長児だけが切り離された場で保育生活を送る）、互いに育ち合う保育園の環境がつぶされてしまうような状況が生まれています。

これを見ていると、品川の子どもは、幼児の時は保育園で小学校準備にせき立てられ、小学校では中学の受験体制に早く慣れるようにとせかされ、小中一貫校でマンモス校舎に九学年が詰め込まれてストレスを高め、高校受験に追い立てられていくという子ども期を過ごすことになるのではないかと危惧させられます。

地域での安心ができる豊かな子育ては、住民の切実な願いです。保育はその出発点です。いま品川で進んでいる保育改革が果たしてどういうものであるのか、どういう事態が生まれているのかをしっかりと調べ、疑問や問題点について率直な批判を出していくことが必要になっているのではないでしょうか。

（佐貫浩・法政大学）

第9章　「子ども・子育て支援新制度」の問題点

――保育制度はどう変えられようとしているのか――

1　規制緩和と保育

保育における「規制緩和」の展開

２０００年前後からの保育政策の焦点的課題は、第一に少子化対策であり、第二は待機児対策でした。この両者は深く結び付いており、保育を拡充することによって、女性労働者の就労を援助し、子育てに対する支援を拡大することで、少子化に歯止めをかけることを狙いとするものでした。

しかし同時に２０００年代に入って、公的福祉経費の削減、そして規制緩和の流れが急速に拡大してきました。その結果、できるだけ公費支出を抑制しつつ、同時に保育所を拡大していくという路線が追求されていきました。それは結局、公費によって運営される認可保育所を拡充するのではなく、保育所設置基準を切り下げつつ営利企業による保育事業への参入を拡大すること、保育所定員の弾力化など、いわゆる「規制緩和」による対策が中心となったものでした。

全国的な「定員弾力化」の進行

具体的には、待機児解消のためとして、保育園事業への企業等の参入容認、園庭設置条件の緩和、定員超過の拡大、短時間保育士雇用の規制の緩和などが次々と実施されていきました。「定員超過」（弾力化）についてみると、２０１１年で全国平均で約70％、都市部では91％の保育所が定員超過の状況にあります。また平均超過率（定員数に対する在籍児童数の割合）も、すでに２００５年段階で、１１２・８％（全国平均）となっています（厚生労働省調査、村山裕一「待機児問題の三つの障壁とその対策」『経済』２０１３年９月号、による）。

ベネッセ次世代育成研究所調査（２０１２年10月から12月、全国の公立と私立の認可保育所、幼稚園などに実施、５２２１園から回答）によると、認可保育所の２０１２年９月時点の０～２歳児の定員充足率は、私立では定員を超過して受け入れている保育所が全体の61・８％（４年前の調査より３・４ポイント増加）、１２５％以上の定員超過は24・１％（前回調査より３・６ポイント増）、１５０％以上の超過施設も７・５％あったと報告されています（２０１３年５月４日付『読売新聞』）。

保育所設置主体の規制緩和と認証保育所の出現

「規制緩和」のもう一つは、保育所の設置主体の規制緩和で、株式会社などの営利法人の参入が解禁されたことです（２０００年３月）。２０１３年度に待機児ゼロを実現したとする横浜市では、株式会社立の認可保育所が、全国的に見ても突出した25％を占めるに至っています（全国では２％）。また東京都などの自治体が、国の認可基準を下回る「認証」基準を独自に設定し（巻末資料参照）、民間、株式会社などが設置する「認証保育所」に、自治体として一定の公的補助を利用者に与えるという仕組みが作られていきました。

同時に、従来、待機児とは、自治体等が設置する認可保育所に希望しても入れなかった児童のことを指していたのですが、国は、認可保育所には入れなくても、①特定の保育所を希望して待機している場合、②認可に入れなくても自治体の独自施設（保育室や保育ママ制度など）で保育を受けている場合などは待機児としてカウントしないとしました（２００１年より）。さらにほとんどの自治体で、認可には入れなくても自治体の補助のある「認証保育所」に入った場合も待機児としてカウントしないようになりました。そして、この認証保育所を企業などの参入で急速に増やし、待機児を減らすという方策を採り始めたのです。その典型が横浜市の待機児0作戦でした。横浜市の場合、２０１３年度は認可保育所に入れなかった児童（従来の概念による待機児数）が１７４６人（4月1日現在）も出たにもかかわらず、待機児ゼロという数字が出されたのです。

自治体の「保育措置義務」の曖昧化と「保活」の拡がり

その結果、親による保育園探し、いわゆる「保活」が一挙に広まりました。「認証」保育所の場合は、自治体はただ保護者に保育費を補助するだけで、入園契約は親と保育園との直接契約となっています。だから認可保育所に申し込んで入れないとなったら、自治体が責任を持って認証保育所を割り当ててくれるのではなく、親が「保活」を独自に行い、空いている認証保育所を探さなければならないのです。もし空いていなくてもそれは自治体の責任とはならないのです。そして結局は親の「保活」の自己責任とされてしまうのです。

児童福祉法では、第24条に、「保育に欠ける」子どもに対する「保育実施責任」を自治体が負うという趣旨が書かれています。自治体は認可保育所をその児童に「措置」（提供）する責任があるのです。「待機児」とはこの自治体の責任が果たせていない児童が存在するということを示す数字なのです。「保育に欠ける」という条件でなされた認可保育所への申込みに対して、施設が足りませんからあなたは「待機児」ですと伝えるだけで放置し、「認可ではありませんが認証という少し基準が低い保育園が民間にありますから、自分で探して下さい」と「自己責任」に任されてしまう事態が生まれてしまったのです。

しかも「保活」は、認可保育所申込み者の半分とか3分の1近くが入れないという結果となることが見えている中では、結果が発表されるまでに取り組んでおかないと安心できなくなります。認可保育所に子どもを入れられない親たちが行政に「行政不服審査請求」運動を行った東京・杉並では、２０１３年度の認可保育所申請者２９６８人に対して、1月時点の中間発表では、そのうち約１８００人が認可保育所に入れないという予想が出されるというような状態が生まれました。結局ほとんどの親が、認可保育所と認証保育所の二股をかけて、「保活」に取り組まなければならないという事態が広がりつつあるのです。

さらなる規制緩和——保育士基準の規制緩和

「規制緩和」は保育士の配置基準についても大幅に進められてきました。最低基準で規定されている保育士の定数は、常勤保育士が基本とされていましたが、厚生省通知（１９９８年2月）により、最低基準の2割を限度として、短時間勤務の保育士（1日6時間未満、または月20日勤務）を充ててもよいとされ、さらに２００２年の厚生労働省通知で、その2割規制も緩和されています。また「認証」保育所では、東京都の場合、職員の配置は認可基準と同等とされていますが、「常勤職員（保育士等）は6割以上とする」という基準となって、４割まで非常勤を充てることができるようになっています。

横浜市の企業参入の保育園の実態調査をした荒木由美子市議（共産党）の報告によると、株式会社立の運営費に占める人件費の比率が、社会福祉法人（市立保育園の設置主体）のおよそ7割にとどまっていることが指摘されています（２０１３年8月19日付『赤旗』）。株式会社が保育園を設置する時は、どうしても一定の利益を保育所経営から引き出すという「メリット」が不可欠になりますが、そういう利益を絞り出すほとんど唯一の効率的な方法は保育士の給与を削減するということにならざるを得ません。そのため、非正規雇用や派遣の保育士を雇用するというようなことが多くなってしまうのです。

さらに新聞報道によると、新しい「子ども・子育て支援新制度」の具体化を進める国の「子ども子育て会議基準検討部会」では、事務局からは、待機児の9割を占める0—2歳児について、その受け皿と予定されている小規模保育（6—19人）については、「保育士の半数は無資格でもよい」という案が出されていることも報道されています。このような方向で規制緩和が進められていくならば、ますます保育は、そこからもうけを引き出そうとする民間企業の市場となっていくとともに、その保育サービスの劣化を引き起こしていくことになるのではないでしょうか。

2　「子ども・子育て支援新制度」では

2015年から実施される「子ども・子育て支援新制度」とは

２０１２年8月10日、「子ども子育て関連法」が国会で成立しました。この内容は、２０１５年の4月から実施されるとされています。この内容は、２０１２年12月に成立した安倍内閣の下で強力に推進されていこうとしています。ではこの「新制度」とは一体どういうものでしょうか。

この「新制度」が提案された最も基本の狙いは、現在の児童福祉法第24条に規定されている自治体の「保育措置義務」をなくし、直接契約方式（保護者と保育所との直接の入所契約を結ぶ方式）にすることでした。先にも記したように、この第24条の趣旨は、「保育に欠ける児童」に対して、自治体が公費で運営する、国基準の条件を満たした保育所（認可保育所）を提供する義務があるということです。今までのたびたびの「規制緩和」にもかかわらず、親や多くの保育関係者の反対があって、この自治体の義務についての規定——児童の側からすれば権利規定——は、崩す（緩和する）ことができなかったのです。そのため、認可保育所には入れなかった「待機児」が出ると、それは自治体の義務違反として追及されることにもなっていたのです。しかしその「義務」を実行するためには、公費で運営される認可保育所を大幅に増設する責任を国や自治体が背負うことになります。それで「新制度」によって、この24条の規定を廃止しようとしたのです。ところが、関係者の強力な反対のために、この24条は、残されることになりました。ところが、この「新制度」は、この24条の規定を実質的に曖昧にする制度的な仕組みを持っているのです。

行政の保育責任の放棄

第一に、たびたび指摘しているように、現在の保育制度は、「保育に欠ける」と認定された児童に対して、自治体が運営（ないしは公費で運営費を支出）する保育所（認可保育所）を提供するということを基本としていますが――その仕組みを「現物支給方式」とも呼んでいます――、「新制度」は、理念においては、「利用者補助方式」を基本とするものとなっています。「利用者補助方式」とは、保育園を運営する経費を、基本的には親の保育料で全てまかなうことを基本とし、自治体は、その親の保育費のうち、今まで自治体が直接保育園の運営費として保育園に支払ってきた金額分を親に対する保育料支援として支払う仕組みです。しかし24条の規定が残されていることもあって、認可保育所に対しては、実質上今までと同じ方式で、公費が保育園に「給付金」として支出される方式が取られると思われます。重要なことは、制度の基本理念が転換されていくということです。

第二に、制度理念として「利用者補助方式」が基本となるため、「保育に欠ける」という一般的認定だけではなく、「保育に欠ける量」が個別に認定されることになり、「必要保育量」によって保育時間や保育料までも差がつけられる可能性が出てきました。保育所側からすれば「保育に欠ける量」が多い子ども（長時間保育を必要とする子ども）を受け入れた方が、補助費が多くなって経営が楽になるということが起こる可能性があります。したがってまた、保育必要量を超えた保育を希望する場合、その分は親の自己負担になる可能性があります。またその結果、子どもによって支払う保育料に複雑な差異が出てくることになります。

第三に、「給付金」の「使途制限」がなくなる可能性があり——今までの認可保育所では、公費支出の際に、人件費や施設費などの一定の基準がありました——、保育士等の人件費の削減に制限がかからなくなる恐れが出てきます。また今回、児童福祉法第56条に規定されていた、保育園を含む児童福祉施設の新設や修理などへの公費補助の規定から保育園が外されており、保育所の新設や拡張への補助金が減らされて、大きな困難を抱える可能性があります。

第四に、この「新制度」の下では、おそらく自治体が認可保育所を増設することが抑制され、勢い、株式会社などの参入が増えると思われます。そして認可保育所には入れない「待機児」に対しては自治体としての補助を行う「認証保育所」や小規模保育園などが提供される仕組みが拡大し、それらは保育園と親との直接契約となり、ますます多くの親が「保活」を余儀なくされていくことになるのではないかと思われます。

第五に、「新制度」では、株式会社が運営する認定こども園や地域型保育事業者は、繰入金や配当に対する規制がなくなり、自治体からの「給付金」にも使途制限がないので、収益として株主への配当も可能になると言われています。そうなると「給付金」として自治体から株式会社へ支給された税金が株式会社の株の配当に流れる可能性も出てくることになります。

およそ以上のような問題点が「新制度」には含まれているのです。

公費で支えられる認可保育園の増設こそ保育改善、待機児問題解決の基本

重要なことは、たとえ上記のような「子ども・子育て支援新制度」が実施されても、改正された児童福祉法の24条に市町村の保育実施義務の規定が残されていることです。この規定がある下では、認可保育所を親が希望する限り、市町村の保育所提供（現物支給）の責任を問い続けることができるということです。

杉並区の親たちによる「保育所増やし隊」による「行政不服審査請求」の異議申し立て運動が、杉並区の

保育拡充を求める運動として展開されたことは、待機児問題に対する大きな智恵と励ましとなっています。

品川区の保育運動は、長い蓄積を持ち、また保育関係者の間に権利としての保育をもっと発展させたいという思いを深く育ててきました。その思いを改めて交換し合う中から、子どもの権利、親の願いを実現する保育制度と保育実践を、切り拓いていきましょう。

（佐貫浩・法政大学）

資料　認可保育所と認証保育所の比較

	認可保育所	認可外保育所	
		認証保育所（東京都の場合）	その他、認可外保育施設等
設置基準	児童福祉法に基づく児童福祉施設。国の設置基準（施設、保育士等の職員数、給食設備、防災管理、衛生管理等）をクリアして都道府県知事に認可された施設。区市町村が運営する公立保育所と社会福祉法人、民間事業者等が運営する民間保育所（私立）があり、認可保育所は公費により運営。横浜市では企業経営型が 2013 年には認可保育所の 4 分の 1 を占めている。	認証保育所は東京都など、自治体の独自の制度。 国の基準による認可保育所は、設置基準などから大都市では困難として、東京などが独自の基準を設定して、多くの企業の参入を促し事業者間の競争を促進することで、多様化する保育ニーズ応えるためとする新しい方式の保育所。設置者は民間事業者、個人等。	児童福祉法上の保育所に該当しない保育施設であり、認可外保育所・認可外保育施設と呼ばれ、設置には児童福祉法第 59 条の 2 による届出が必要とされる施設。ベビーホテル、駅型保育所などの他、その他の法令などで規定された事業所内保育所、病院内保育所などがある。2001 年 10 月より国の認可外保育施設指導監督基準 の適用が開始され、立ち入り検査を含む行政機関の検査・指導が図られるようになった。設置主体は、企業 、個人等。
0歳保育	0 歳児枠がない保育所がある。	0 歳児保育を必ず実施。	多様な種類がある。
基準面積	0 歳児・1 歳児の一人当たりの基準面積が 3.3 ㎡必要。しかし 2001 年から園庭基準が緩和され、園庭を持たない保育所も増えている。	弾力基準として 0 歳児・1 歳児の一人当たり基準面積を 2.5 ㎡まで緩和。	保育定員が 5 名以下の施設は、設備、保育内容の公的基準はない。
保育士	すべて保育士	保育士は 6 割で可。	
保育料	基本は、区市町村が徴収。所得によって保育料金は異なる。	認証保育所が徴収。料金は認証保育所で自由に設定できる（上限あり）。自治体の補助がある。	多くは、サービス内容や保育料を施設が自由に設定する。
申込方法	区市町村に申込む。	利用について認証保育所と保護者の間で直接契約をする。	多くは、施設に直接申し込む。
品川区の場合（2013 年度現在）	公立 42 園、私立 25 園。園庭基準の緩和により企業園の参入が増え、2013 年では認可園 67 園中 11 園が企業園で、多くは園庭がない。	認証保育所は 20 園。株式会社・有限会社が 16 園、NPO 法人 2 園、個人経営 2 園。区による保育料の助成制度がある。	区が関与する保育施設としては、保育ママがある。区が認定した保育ママが、就労などで保育が必要な生後 57 日目から 3 歳未満の幼児を自宅等で預かる制度。区からの補助がある。在宅型が 3 ヵ所、事業所型が 8 ヵ所ある。

品川の保育を考える会

品川区で保育職員として経験を積んできたベテランの現場保育士、父母として保育運動に取り組んできた市民、研究者で構成。1970 年代からの品川の保育運動の経験を継承し、現代の待機児問題、保育の民営化問題などの検討を通して、自治体における保育のあり方を検討している。代表・佐貫浩。

佐貫　浩（さぬき　ひろし）

1946 年、兵庫県篠山市生まれ。法政大学キャリアデザイン学部教授。教育科学研究会委員長。
主な著書
『学力と新自由主義』大月書店、2009 年
『平和的生存権のための教育』教育史料出版会、2010 年
『品川の学校で何が起こっているのか——学校選択制、教育改革フロンティアの実像』花伝社、2010 年
『危機の中の教育——新自由主義をこえる』新日本出版社、2012 年

保育園でいま何が起こっているのか——品川版〈保育改革〉・待機児対策の現実

2014 年 2 月 25 日　初版第 1 刷発行

編著者 ——— 品川の保育を考える会・佐貫浩
発行者 ——— 平田　勝
発行 ———— 花伝社
発売 ———— 共栄書房
〒 101-0065　東京都千代田区西神田 2-5-11 出版輸送ビル 2F
電話　03-3263-3813
FAX　03-3239-8272
E-mail　kadensha@muf.biglobe.ne.jp
URL　http://kadensha.net
振替　00140-6-59661
装幀 ——— 黒瀬章夫（ナカグログラフ）
印刷・製本 —— 中央精版印刷株式会社

ISBN 978-4-7634-0693-4 C0036

品川の学校で
何が起こっているのか

佐貫　浩　著　定価（本体1200円＋税）

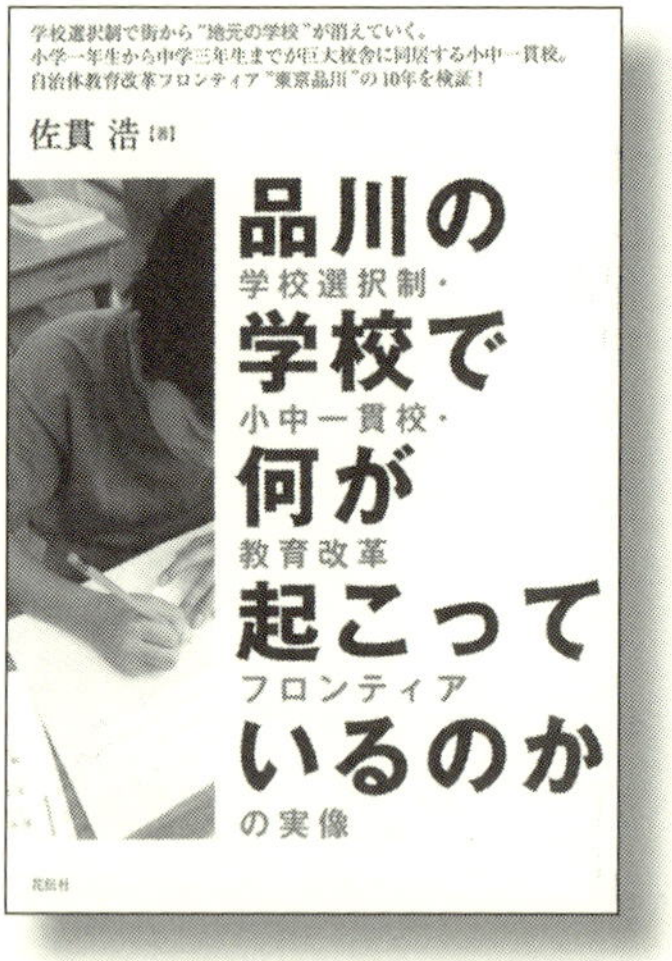

●町から小学校がなくなる！——
学校選択制で街から〈地元の学校〉が消えていく。小学１年生から中学３年生までが巨大校舎に同居する小中一貫校。自治体教育改革フロンティア・東京品川の10年を検証。

小中一貫教育を検証する

山本由美　編　定価（本体800円＋税）

●何のための小中一貫教育なのか——
今、全国に拡がる小中一貫教育。「小中一貫教育」という名の大胆な学校統廃合も急増。首都圏の品川・三鷹、京都、宮城県栗原市……地域から小学校が消えていく現状を緊急レポート。

心の強い子どもを育てる
―ネット時代の親子関係―

石川結貴　　　定価（本体1200円＋税）

● 「折れない心」をウチの子に――
スマホを駆使し、SNSで誰とでも簡単につながる――親世代には想像もつかない変化の時代を生きる子どもたちとの向き合い方。

「読み」「書き」「そろばん」から「英語」「コミュ力」「強いメンタル」へ